身近な素材でArtクラフト

103歳も楽しめる介護現場でのアイデア集

北崎（吉島）洋子
橋本 万里子

朝日出版社

この本の出版の主旨は右の「はじめに」に書いてある通りですが、
その実現のためには準備と導入が大きな意味をもちます。
一つは：
材料をいろいろ選べるように準備することです。そして、忙しい介護の中でもちょっと努力して、使えるものを気がついた時に集めておくことです。
もう一つは：
指導に当たる方が前もって試作してみることです。どんな手順で、どういう風に話しかけをしたらよいか、考えておくといいでしょう。そうすれば本番もスムーズに運ぶと思います。
そしてもう一つ大事なのは：
予想もしなかった意外な、驚くような発想の作品が生まれることがよくあるのですが、それこそこの本の目指している個性の表れ、自己表現なのです。それを大いに楽しんでください。ご一緒に！

はじめに

私は、子どもたちや大人の絵画造形創作アトリエを長年にわたり開いておりますが、今年103歳になる父親の通っていたデイサービスで、10年ほどの間アート造形制作を指導してきました。その経験から一人一人の個性を生かす創作がいかに意欲を引き出すかということに気がつきました。その潜在能力のすばらしさには目をみはるものがありました。

また、10数カ所のデイサービスの現状も見学させていただきましたが、作業中心の手仕事がほとんどでした。そこでは高齢者の方々が受け身でするレクレーションが大半をしめていました。それを目の当たりにして、なぜ創作的な活動が導入されていないのかと、とても残念に思いました。しかし、そうした介護現場でも創作的な活動の重要性に気づいていらっしゃる方も実は －ご家族の中にも－ 多いのではないでしょうか？

確かに創作といいますと、何か難しそうで、テーマも何にしたらよいか、そして準備はどうしたらよいのか、といった戸惑い、その上、手引き書もほとんどないという現場の悩みも伺いました。

そうした中、3年ほど前から創作的なレクリエーション活動を目指したワークショップを開きましたが、現場のかたがたにとって継続的に参加することはかなり難しいことも分かりました。もっと多くのかたがたに創作的な活動が広まることがとても大事ではないかと、思いいたりました。

そこで忙しい介護現場に携わっておられる意欲あるかたがたのために、大人も楽しめる創作造形制作をご紹介する本の出版を思い立ったのです。

材料費の悩みも伺いましたので、高価な市販の材料だけでなく、ちょっとした努力で手に入るものを使うことを考えました。しかも一人一人の個性が発揮でき、頭をフルに活動させながら、その制作過程を楽しむことができるようなテーマを集めてみました。

写真で紹介した例には、高齢者の実作品も混じっています。また、つくる手順ややり方などをイラスト入りで説明しています。それらは基本ではありますが、写真の作品そのものを作ることを意図したものではありません。それぞれのイメージがさまざまな表現に結びつけば、それはそれですばらしいことだと思います。

たとえ、まねから始めたとしても決してわるいことではないのですが、材料を選べるように準備しておきますと、それぞれの創作意識が刺激されます。そうして、上手下手ではなくその人自身の個性が発揮され自信と意欲が湧き、認知症の進行を止めることができるのであれば、介護をする人も、介護される人にとっても、とても幸せなことではないでしょうか。医学的にも自分で考え創作すると、意識をつかさどる脳の中枢が活性化することが証明されているとのことです。高齢化が進み認知症がますます増えていくと言われている昨今、私たち皆がともに幸せに生きていくという望みの実現に向かって、この『身近な素材でArtクラフト』が少しでもお役にたつことを心より願っております。

2015年3月

北崎（吉島）洋子

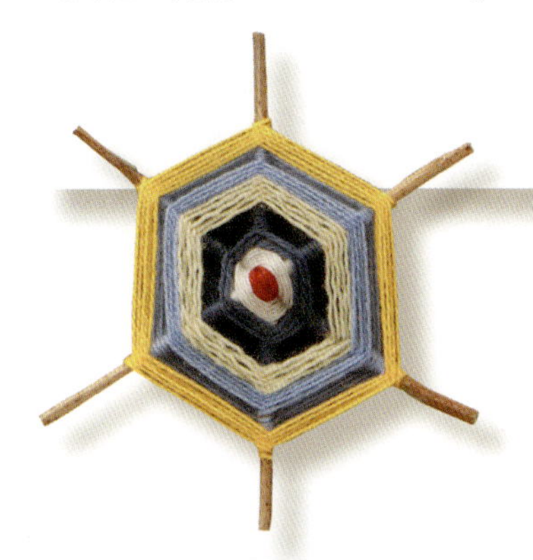

目　次

はじめに …… 3

集めておきたい身近な材料 …… 6

紙／平面

1 四角のジグソーデザイン　反転のデザイン …… 9
2 丸のジグソーデザイン　フリージグソーデザイン …… 11
3 紙積み木デザイン　らくらくデザイン …… 13
4 連続切り絵　切り紙デザイン …… 15
5 フォトモンタージュ …… 17
6 紙袋のデザイン …… 19
7 小さな絵本や詩集 …… 21
8 カード作りいろいろ …… 23

紙／立体

9 ペーパーモザイク　額をつくり飾る …… 25
10 色々な素材のコラージュ …… 27
11 厚紙テープでつくる …… 29
12 ペーパーレリーフ …… 31
13 紙立体　起きあがりこぼし …… 33
14 身近な材料で車をつくる …… 35
15 コルクペーパーの絵　木とワインコルクのマスコット …… 37

糸／織物

16 糸や毛糸を木の棒に巻いてつくる飾り …… 39
17 糸や毛糸で線を描いてつくる壁飾り …… 41
18 簡単な織物 …… 43

石／粘土／針金

19 石でつくるペーパーウェイト …… 45
20 粘土　平面 …… 47
21 粘土芯材を入れて　立体 …… 49
22 色を練り込んだ粘土でつくる …… 51
23 アルミ針金　平面 …… 53
24 アルミ針金　小物 …… 55
25 アルミ針金でビンカバー　ホルダー …… 57
26 カラー原毛を使ってつくる …… 59

自然素材

27	自然素材のコラージュ	…… 61
28	種や実のモザイク画	…… 63
29	木の実でつくるマスコットたち	…… 65
30	葉の飾り　木の実の飾り	…… 67

季　節

31	鯉のぼり	…… 69
32	うちわ　和紙 紙ひも 麻ひもを染める	…… 71
33	風鈴　ミラクルビン　貝殻モビール	…… 73
34	クリスマスローソク立て	…… 75
35	クリスマス卓上飾り	…… 77
36	クリスマスリース　お正月飾り	…… 79

本書の使い方

注意してほしいところ

ポイントやヒントとして
見て下さい

アイコン

 ハサミ

 粘土ベラ

 ホチキス

 ハケ（ペンキ用）（ヤマトのり用）

 エンピツ

 筆（彩色用）

 小筆（ヤマトのり用）

 ガムテープ（布製）

 アラビアのり（液状）

 ポンチ（穴あけ用）

 ボンド（木工用ボンド、速乾用ボンド）

 ペンチ

 カッターナイフ

 カナヅチ

 洗濯バサミ（ピンチ）

 キリ

 ポスカ（水性）

 ドリル

 ワリバシ

集めておきたい身近な材料

	材料の種類		どこで使うか
い	**石、小石** 表面がなるべくなめらかのもの	19	石でつくるペーパーウエイト
お	**押し葉（厚めの木の葉）** 乾かしたトウモロコシの皮、ドライフラワー	27	自然素材のコラージュ
		30	葉の飾り　木の実の飾り
か	**貝殻（ベビーホタテ）** 春先魚屋さんで求め良く洗っておく	33	貝殻モビール
	カラー厚紙（厚手）の空き箱 箱を開いて重ねておく 不要な部分は切り取っておく （市販の厚紙の色と違う色合いがあります）	9	ペーパーモザイク　額をつくり飾る
		10	いろいろな素材のコラージュ
		14	身近な材料で車をつくる
		17	糸や毛糸で線を描いてつくる壁飾り
		20	粘土　平面
	片面段ボール **パッキング材など**	9	ペーパーモザイク　額をつくり飾る
		10	いろいろな素材のコラージュ
		14	身近な材料で車をつくる
	カレンダーの写真 シンプルな風景のものを集めておく	5	フォトモンタージュ
	ガムテープの芯	13	紙立体　おきあがりこぼし
き	**木の枝、小枝** 手に入らない場合は、植木屋さんや花屋さんに分けてもらう	10	いろいろな素材のコラージュ
		16	糸や毛糸を木の棒に巻いてつくる飾り
		18	簡単な織物
		20	粘土　平面
		30	葉の飾り　木の実の飾り
	木の実 秋から冬にかけてきれいなものを採取しておく	26	カラー原毛を使ってつくる
		29	木の実でつくるマスコットたち
		34	クリスマスローソク立て
		35	クリスマス卓上飾り
		36	クリスマスリース　お正月飾り
け	**毛糸、リボン、ヒモ、** 残りの毛糸、プレゼントに使われたリボン、カラーのひも	16	糸や毛糸を木の棒に巻いてつくる飾り
		17	糸や毛糸で線を描いてつくる壁飾り
		21	粘土芯材を入れて　立体
		35	クリスマス卓上飾り
こ	**木っ端**（小さな木材のかけら） 木工所、大工さんにわけてもらう	15	木とワインコルクのマスコット
		24	アルミ針金　小物

	材料の種類	どこで使うか	
さ	**皿** φ10センチ～15センチ位 不用となったものを集めておく	34	クリスマスローソク立て
	雑誌、広告、カタログなどのカラー写真 カラーのページを切り取っておく 文字、外国の文字を切り取っておく	5	フォトモンタージュ
		6	紙袋のデザイン
		7	小さな絵本や詩集
		10	いろいろな素材のコラージュ
	裂き布 いろいろな色の布を細く裂いて丸めておく	18	簡単な織物
た	**種、実、豆** 不要になった豆、種、鳥のえさなど	27	自然素材のコラージュ
		28	種や実のモザイク画
	段ボール	14	身近な材料で車をつくる
て	**テニスボール** 使用済みのテニスボール	26	カラー原毛を使ってつくる
は	**端布(はぎれ)**	21	粘土芯材を入れて　立体
ひ	**ビン** 小ぶりのいろいろなビンを集めておく	21	粘土芯材を入れて　立体
		25	アルミ針金でビンカバー　ホルダー
		33	ミラクルビン
		34	クリスマスローソク立て
ふ	**プラスチックのフタ** いろいろな入れ物のキャップを集めておく	2	丸のジグソーデザイン
		3	紙積み木デザイン
		14	身近な材料で車をつくる
		31	鯉のぼり
ほ	**ボタン、小さいがらくた、貝殻** 思い出のものなどを貯めておく	10	いろいろな素材のコラージュ
	包装紙	35	クリスマス卓上飾り
わ	**ワインコルク**	14	身近な材料で車をつくる
		15	木とワインコルクのマスコット
		20	粘土　平面

＊市販のほとんどのものはホームセンター、文房具店、手芸店などで手にはいります。
＊ラシャ紙(NT ラシャ)は色数が豊富で、厚さも丁度よくいろいろに使えますので、常備しておとくとよいでしょう。
＊色紙、両面カラー紙、両面カラーテープは日本色彩研究所のものを使っています。
＊カラー厚紙(カラー段ボールシート)は太陽紙器のものを使っています。

1 四角のジグソーデザイン　反転のデザイン

◆四角のジグソーデザイン

好みの色の台紙を選び、好みの四角の色紙を重ねて2～3分割し、同じ色の組み合わせにならないように元の四角に戻し、配色とパズル感覚を楽しみます。

柄入りの色紙と無地の色紙を合わせる場合は偶数枚でつくります。奇数枚にすると柄どうしになり目立ちません

準備と材料

台紙　●色ラシャ紙(色画用紙)8つ切り大　10色以上
●色紙　5センチ角　18色以上
(5センチ角がない場合は20センチ角を切る)
●ヤマトのりあるいはアラビアのり
●ハサミ　●エンピツ　●お手ふき

好みの色の台紙

好みの色の色紙2枚

1 始めに好みの色の台紙を選ぶ。台紙に合う色紙2枚から始める

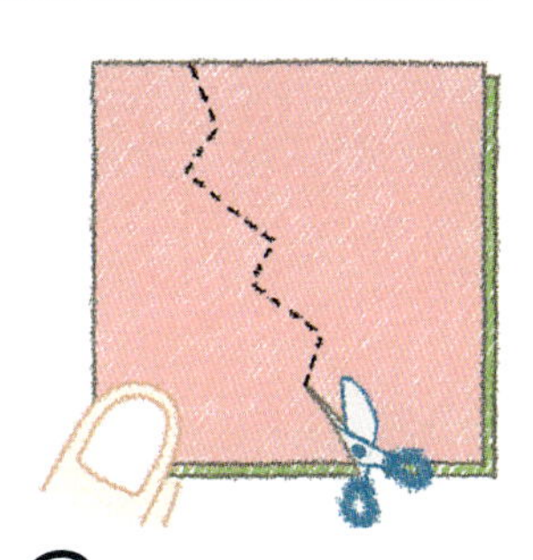

2 ずれないように重ねて持ち、好きな形に切りわける

3 色の組み合わせをかえて四角にもどす

4 色紙3色選び切りわけ、色の組み合わせをかえて、もとの四角にもどす

共通の注意点

沢山切りつくり過ぎると貼る作業だけになり、根気が続きません。途中で台紙に並べて1度貼ってから次に進むと良いでしょう

◆反転のデザイン

好みの色の台紙を選び、好みの四角の色紙の一辺より形を切り抜いて、切り抜いた形を反転させて貼ると四角から飛び出したようにみえポップで、楽しいデザインになります。

準備と材料

材料、準備は「四角のジグソーデザイン」と同じです。

Ⓐパターンだけ、Ⓑパターンだけ、あるいはⒶⒷパターンをまぜて工夫すると楽しめます

Ⓐパターン

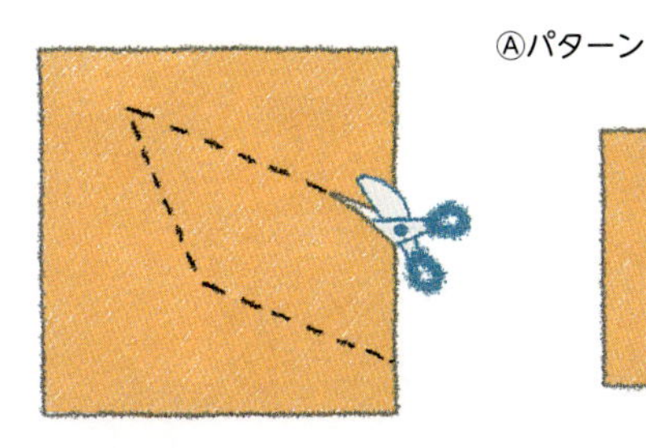

1 選んだ台紙に合う色紙1枚を選び、その一辺から好きな形を切り抜く

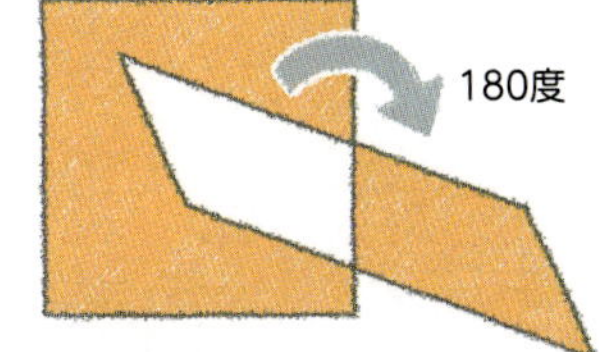

2 切り抜いた形を反転させ、その一辺に合わせる

Ⓑパターン

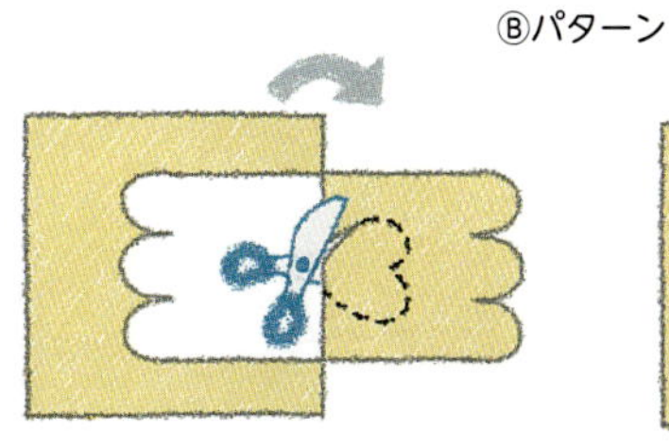

3 1度切り抜いた形を、更に切り抜く

4 切り抜いた形を更に反転させ、その一辺に合わせる

2 丸のジグソーデザイン　フリージグソーデザイン

◆丸のジグソーのデザイン

好みの色の台紙を選び、好みの色紙を重ねて丸を切り取りさらに切り分けて、同じ色の組み合わせにならないようにもとの丸に戻し、配色とパズル感覚を楽しみます。

準備と材料

●フタなど(丸をとるため、直径3センチ位)
台紙　●色ラシャ紙(色画用紙)8つ切り大　10色以上
●色紙　5センチ角　18色以上
(5センチ角がない場合は20センチ角を切る)
●ヤマトのりあるいはアラビアのり
●ハサミ　●エンピツ
●ホチキス　●お手ふき

柄入り色紙と無地の色紙を合わせる場合は、偶数枚で作ります。奇数枚にすると柄どうしになり目立ちません

共通の準備

色紙の角にホチキスをとめる

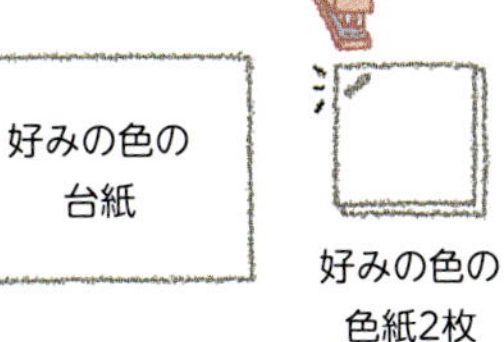

1 始めに、好みの色の台紙を選ぶ。台紙に合う色紙2枚から始める

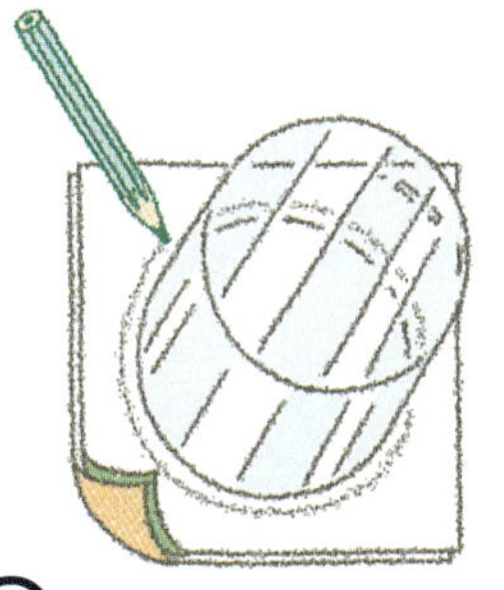

2 色紙の裏側に丸いフタなどで円を描く

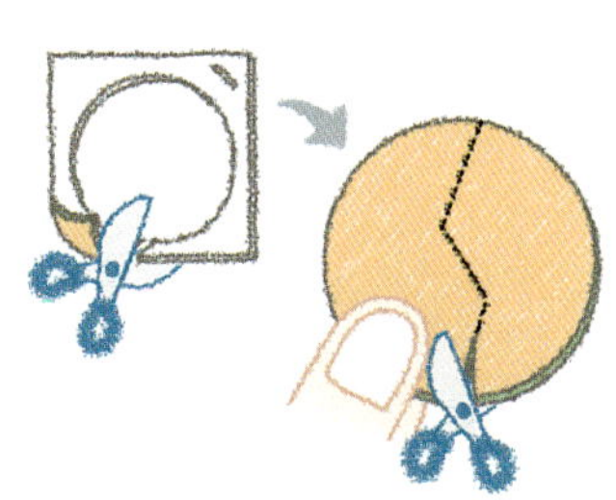

3 線に合わせて切り抜く。切り抜いた形がずれないように2分割する

4 色の組み合わせを変えて、丸にもどす

5 色紙を3枚選び3分割して色の組み合わせをかえて丸にもどす

共通の注意点

沢山切りつくり過ぎると貼る作業だけになり、根気が続きません。途中で台紙に並べて1度貼ってから次に進むと良いでしょう

もとの形にもどす時少しずらして貼っても面白いです

◆フリーのジグソーのデザイン

好みの色の台紙を選び、好みの色紙数枚を重ねて自由に形を切り抜きさらに切り分けて、同じ色の組み合わせにならないように切り抜いた形に戻し配色とパズル感覚を楽しみます。

準備と材料

台紙　●色ラシャ紙(色画用紙)8つ切り大　10色以上
●色紙　5センチ角　18色以上
(5センチ角がない場合は20センチ角を切る)
●ヤマトのりあるいはアラビアのり　●ハサミ　●エンピツ
●ホチキス　●お手ふき

2 色紙の裏側に鉛筆で好きな形を描く

3 線に合わせて切り抜き、切り抜いた形を更に好きなように2分割する

4 互いに色を違えて切り抜いた形にもどし、台紙に貼る

紙積み木デザイン　らくらくデザイン

◆紙積み木デザイン

好みの色の台紙を選び色紙で丸、三角、四角、半丸、長四角などをつくり積み木遊びのような幾何学的な絵を楽しみます。

丸は、あらかじめつくっておくとよい。同色を数枚重ね、ホチキスでとめ、フタなどで、丸の形を切り抜く

準備と材料

- フタなど（丸をとるため、直径３センチ位）

台紙　●色ラシャ紙（色画用紙）8つ切り大　10色以上

- 色紙　5センチ角　18色以上
  （5センチ角がない場合は20センチ角を切る）
- ヤマトのりあるいはアラビアのり　●ハサミ　●エンピツ
- ホチキス　●お手ふき

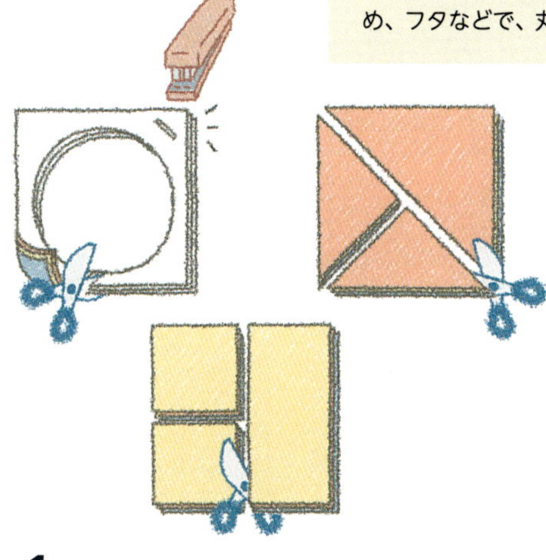

1 半丸、3角、4角、長四角は上の1枚に折り目をつけ1〜2枚重ねて切る

2 好みの台紙の上に並べて積み木のように貼る

共通の注意点

沢山切りつくり過ぎると貼る作業だけになり、根気が続きません。途中で台紙に並べて1度貼ってから次に進むと良いでしょう

◆らくらくデザイン

好みの色の台紙を選び、好みの色紙数枚重ねて自由な形を切り抜き、包装紙や布のパターン柄をつくる、デザイナーの気分で楽しみます。

方向があるものは、色紙を裏にしたものを組むと、反対向きもつくれて、面白くなります

準備と材料

台紙　●色ラシャ紙（色画用紙）8つ切り大　10色以上

- 色紙　5センチ角　18色以上
  （5センチ角がない場合は20センチ角を切る）
- ヤマトのりあるいはアラビアのり　●ハサミ　●エンピツ
- ホチキス　●お手ふき

1 色紙2〜3枚を重ねホチキスでとめる

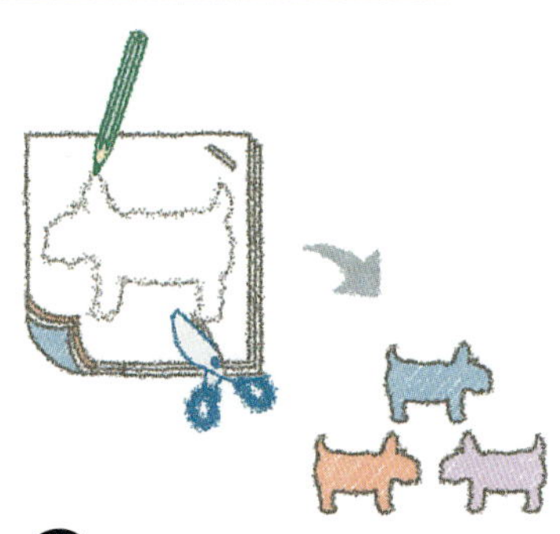

2 色紙の裏に形を描き、切り抜く

3 好みの台紙の上に、楽しく貼る

4

連続切り絵　切り紙デザイン

◆連続切り絵

紙を折って折り目のところをつなげて切り取ると同じ絵がつながってできます。白い紙を使うと白いシルエットのすてきな連続するデザインになります。

準備と材料

台紙　●色ラシャ紙（色画用紙）8つ切り大10色以上
●コピー用紙など薄手でしっかりしたもの　A4サイズ
●ハサミ　●エンピツ　●ヤマトのり（小皿に入れておく）
●小筆（のりをつけやすい）
●お手ふき

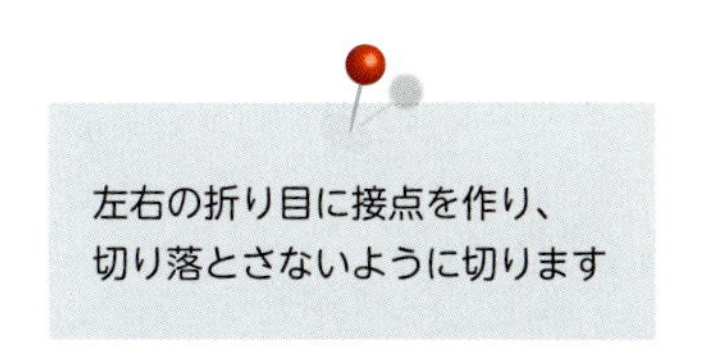

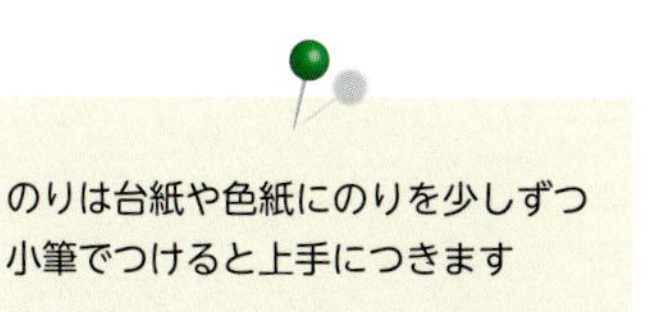

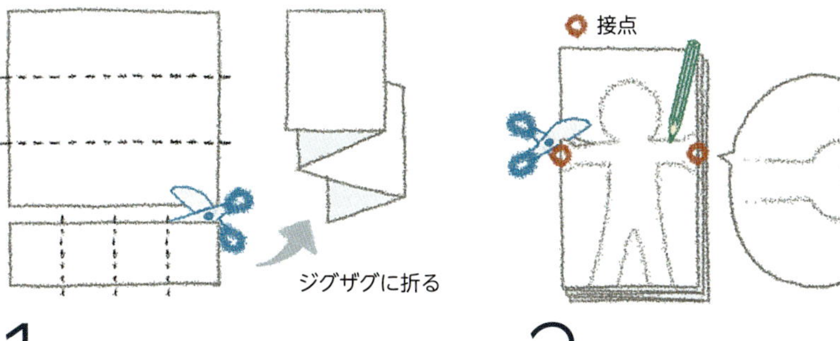

1 A4判の台紙を4等分に折り、切りわける

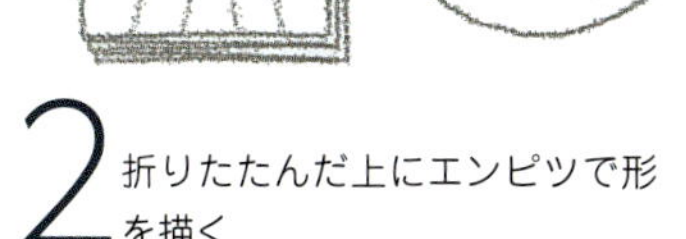

2 折りたたんだ上にエンピツで形を描く

3 好みの台紙の上にたたんだ形を広げ、のりをつける

◆切り紙デザイン

色紙を四角や三角に折って切り込みを入れて切り取ります。切り取り方や折り方の工夫でたくさんの模様のバリエーションが楽しめます

準備と材料

台紙　●色ラシャ紙（色画用紙）8つ切り大10色以上
●色紙　18色以上　10センチ角など
●ハサミ　●ヤマトのり（小皿にいれておく）、
●小筆（のりをつけるのに便利）
●お手ふき

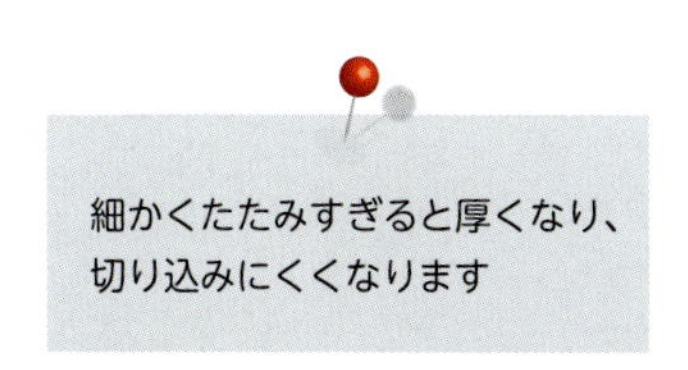

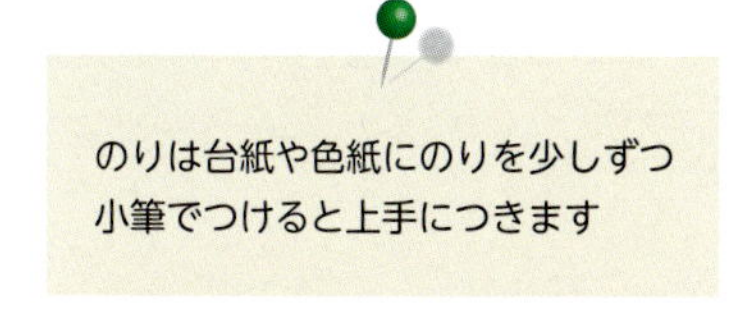

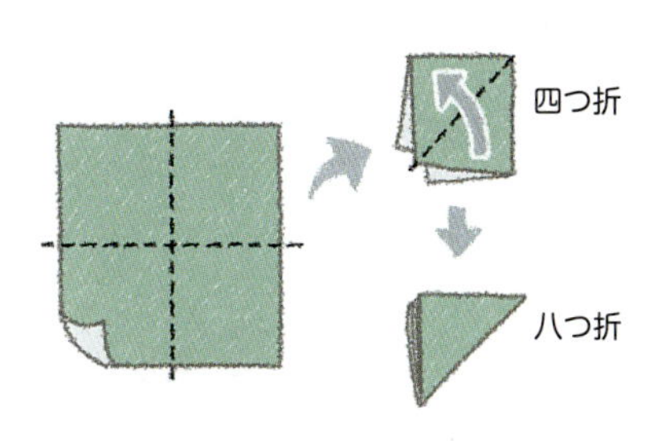

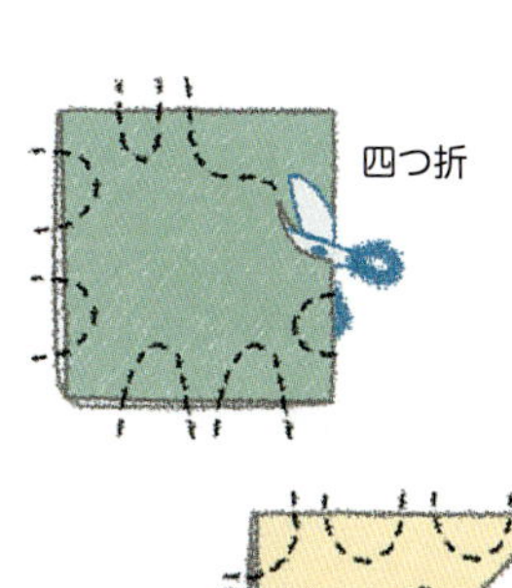

1 まず好みの台紙を選ぶ。色紙も選び、4つ折り、8つ折りにする

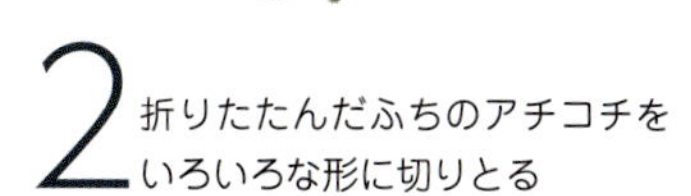

2 折りたたんだふちのアチコチをいろいろな形に切りとる

3 色紙はていねいに広げて選んだ台紙に貼る

フォトモンタージュ

人物や物の写真を切り抜いたものを使ってだまし絵風や不思議な世界の色々なモンタージュ作品をつくります。

準備と材料

台紙　●色ラシャ紙（色画用紙）8つ切り大10色以上
台紙　●カレンダーの写真
（風景などシンプルなもの　選べるように沢山用意する）

●雑誌、広告やカタログなどいろいろなものの形がのっているページを切り取り集めておく。いろいろなものの形を、できるだけ沢山切り抜いておく
●文字（日本語以外の文字を切りとったものを、集めておく）
●ハサミ
●のり（ヤマトのりあるいはアラビアのりなど）
●お手ふき

A

B

A、Bはカレンダーの写真に貼ったもの

A

B

6 紙袋のデザイン

1～5までのデザインを利用して紙袋に貼ってマイバックをつくります。

準備と材料

- 紙袋　中くらいの大きさのもの（市販のもの）
- ハサミ
- ヤマトのりあるいはアラビアのりなど
- お手ふき

A. 連続切り絵と切り紙デザインを使って
B. フォトモンタージュとローマ字を使って
C. 四角い色紙の上に、反転のデザインを重ねて
D. 丸のジグソーデザインに文字を入れて
E. 反転のデザインを使って
F. 丸のジグソーデザインとフリージグソーデザインを使って
G. 四角のジグソーデザインを使って

C　D　E　F　G

わたしの
絵本
作
My
Poem
name

小さな絵本や詩集

◆小さな絵本や詩集

シンプルな形を切って主人公にして物語を作ったり、１ページだけの話を何枚か重ねたりして本にします。詩をいれたものや字のない絵本など自分だけの本をつくります。

詩や文章は別の紙で形を切り、その上に書くと効果的です

準備と材料

本のページ　●色ラシャ紙(色画用紙)16切　10色以上
●貼り絵に使う広告や雑誌のカラー写真
(色として使うのでページを切り取って用意する)
●ハサミ　●ヤマトのりあるいはアラビアのり
●お手ふき

1 主人公となる形を決め雑誌や広告のカラーの部分を色として切りとる

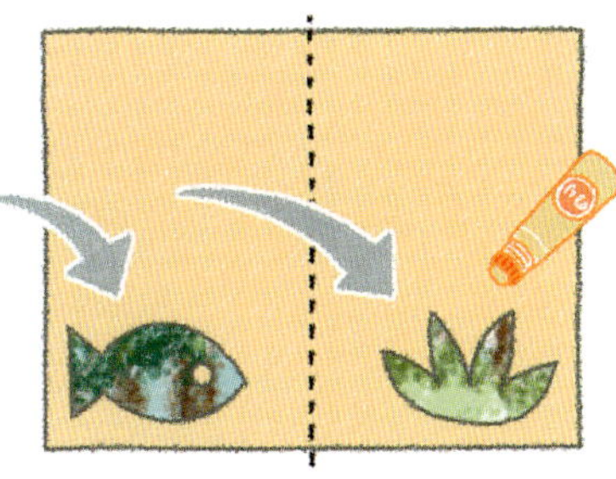

2 1ページだけの話や数日かけて続くものなど

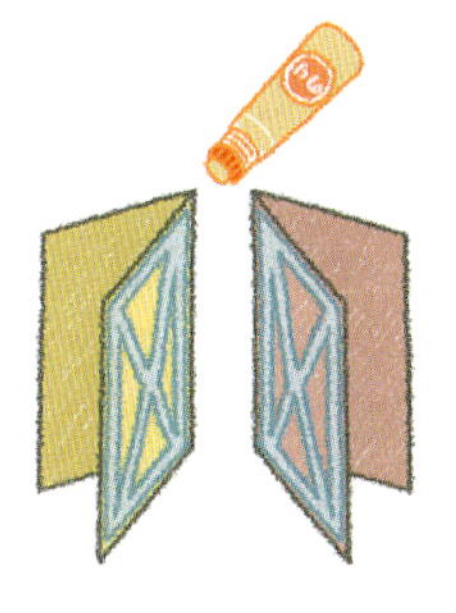

3 数ページ出来たら順番を考えて貼り合せる

4 表紙と裏表紙を貼り、背表紙をつけ仕上げる

◆飛び出す絵本や詩集

ページをあけると主人公がとび出てくるという意外さを楽しんで本にします

準備と材料

台紙　●色ラシャ紙(色画用紙)16切　10色以上
制作用　●色ラシャ紙　10色以上　32切位に切っておく
●ヤマトのりあるいはアラビアのり
●ハサミ　●お手ふき

テープが長すぎると折った時、紙から外に出てしまいます

とび出す形が大きいと紙の外に出てしまうので貼る前に試してください

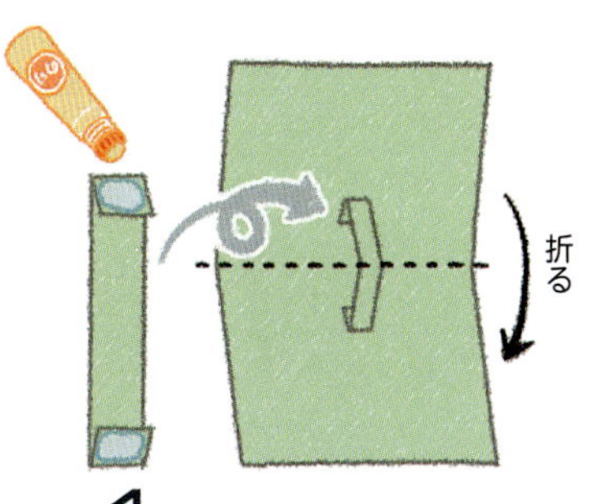

1 台紙の色ラシャ紙と同色のテープを形をとび出させたいところに貼り、手前に引きながら台紙を折る

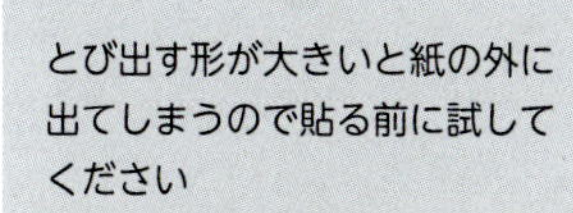

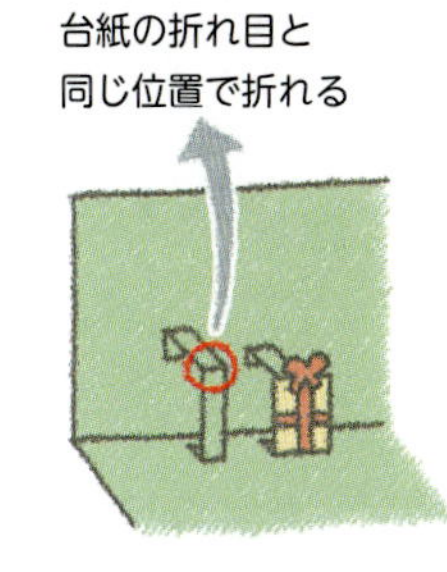

2 別の色ラシャ紙で好きな形を切りとび出させたところに貼る

とび出す本は横びらきになります

カード作りいろいろ

4のデザインを使うカード、飛び出すカード、レースペーパーを切り取り貼って、オリジナルカードをつくります。

準備と材料

台紙　●色ラシャ紙(色画用紙)16切　10色以上
●色紙　5センチ角　18色以上　●コピー紙
とび出すカードの制作用　●色ラシャ紙　32切　10色以上
●レースペーパー(少し全体を切り分けたものを準備)
●ハサミ　●ヤマトのりあるいはアラビアのり
●小筆(連続切り絵、切り紙、レースペーパーなどは小筆でヤマトのりをつけるとやりやすい)
●お手ふき

◆とび出すカード

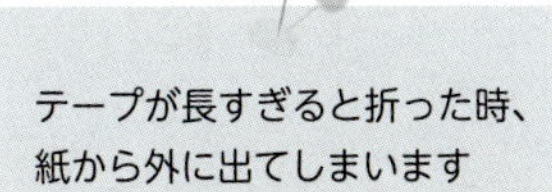

とび出すものが大きいとカードの外に出てしまうので貼る前に試してください

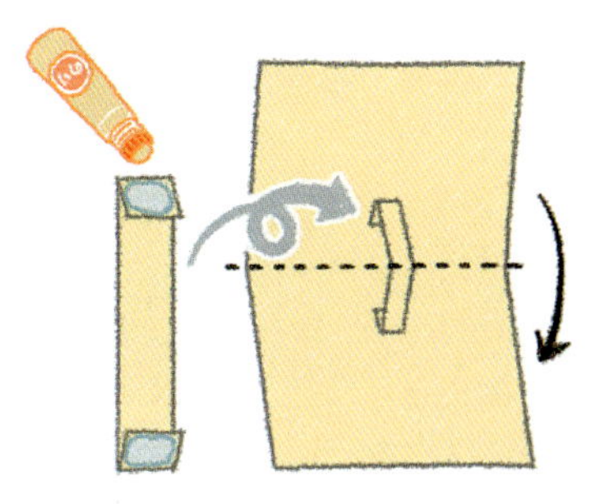

1 カードと同じ色のテープをとび出させたいところに貼り、手前に引きながら折る

2 別の色ラシャ紙で好きな形を切り、とび出たところに貼る

3 メッセージは別の紙に書いて貼ってもよい

◆レースペーパーを貼って

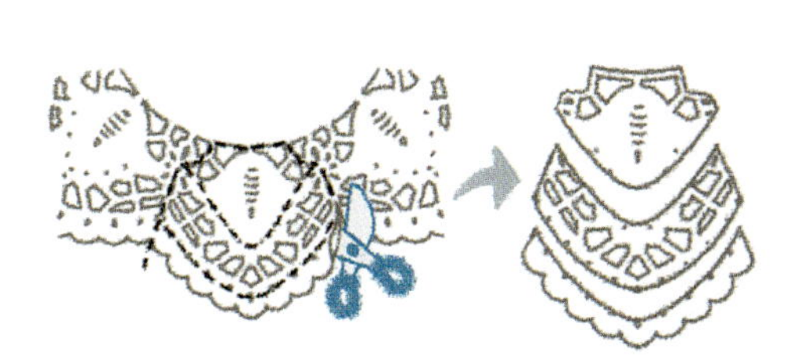

1 レースペーパーを形に添って切りわける

2 切りわけたものを更に切ったりして組み合わせすてきに貼る

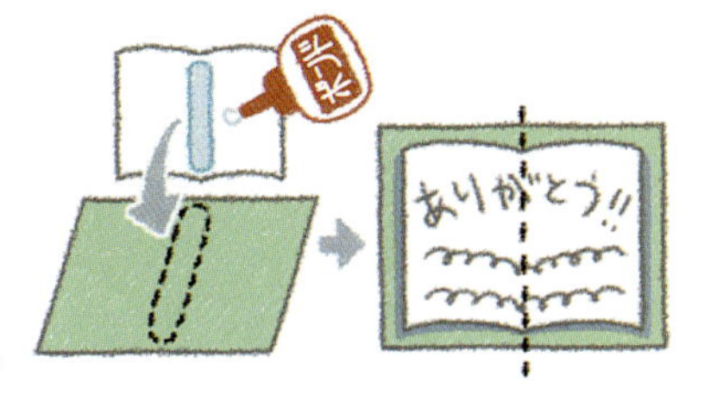

濃い色でカードを作った場合
メッセージは別の紙で内側に貼る

ペーパーモザイク　額をつくり飾る

◆モザイク片で絵をつくる

モザイク片を並べ考えながら具体的な形にしたりまた模様にもします。

準備と材料

台紙　●色ラシャ紙(色画用紙)
4切、8切、10色以上

●色厚紙　(市販のものや化粧箱をきりとったものを加えると色が多彩になります)　三角、四角のモザイク片を沢山つくる
●ヤマトのりあるいはアラビアのり　●ハサミ
●カッターナイフ　●お手ふき

色厚紙は厚手と薄手があります。モザイクピースは指で持ちやすい厚手でつくってください

モザイク片を色々並べデザインを考えますが、少し形が見えてきたら貼ってみてください。余り沢山並べすぎると貼る作業だけになります

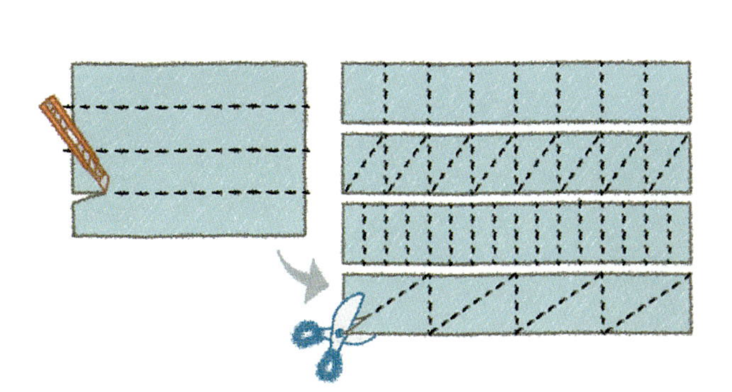

1　色厚紙で三角、四角のモザイク片をつくる

2　好みの台紙を選びモザイク片を並べ楽しい絵やもようをつくる

目などはモザイク片の上に丸いカラーシールを貼っても良いでしょう

◆額をつくる

額は厚紙を組んでつくります。つなぎ目の補強のためにモザイク片を貼り、周りにも波形段ボールで飾ります。

準備と材料

額　●厚紙　●片面波形紙　●ガムテープ片
●速乾ボンド　●ハサミ　●カッターナイフ　●お手ふき

飾りのモザイク片はダークな色や単色にすると絵が引き立ちます

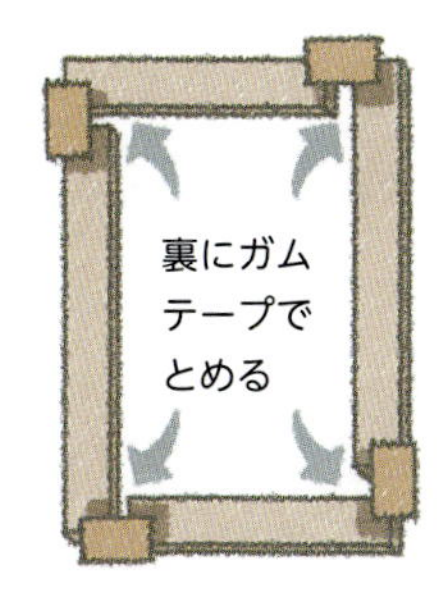

1　裏面のコーナーのつぎ目にガムテープを貼る

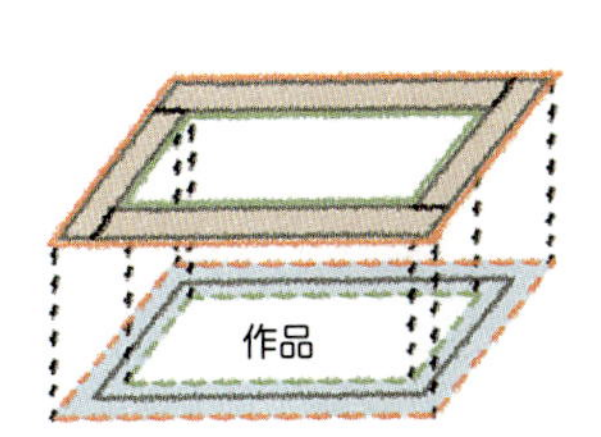

2　額の厚紙はたて2本、よこ2本。作品より内側は小さく組む

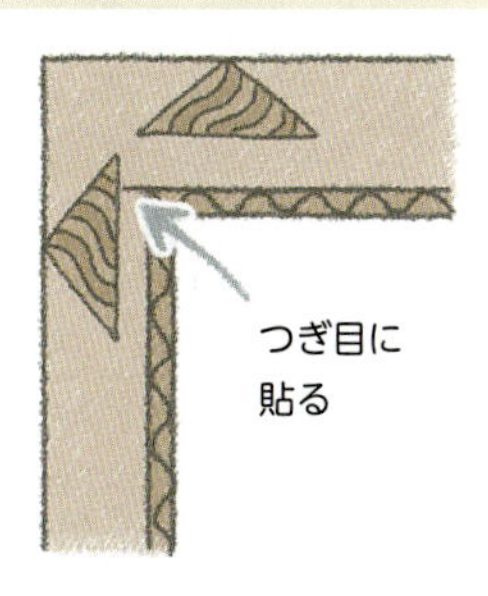

3　コーナーのつぎ目に補強のためモザイク片を貼る。模様にモザイク片や片面波形紙などをボンドで貼って飾る

額に入れる絵はのりしろを考えて台紙の端までギリギリに貼らないようにしてください

10 色々な素材のコラージュ

身近にある色々な物、少しずつ残った小さい物、思い出の物などを集めて楽しく台紙に貼って、新しい作品に変身させます。

準備と材料

台紙 ●色ラシャ紙(色画用紙)10色以上 ●色厚紙
●麻ひも ●毛糸 ●染めた紙ひも
●片面段ボール ●波形紙
●広告や雑誌のカラー写真
●ボタン ●ゼムクリップ ●小枝 ●キャップ ●貝殻
●鍵 ●思い出の小さいものなど
●速乾ボンド ●ハサミ ●ホチキス ●お手ふき

◆色々な素材のコラージュ

紙ひもの貼り方

ねじり開くことで面白い表情が出る

ボンドは台紙に部分的につけ、貼ると表情が出ます

毛糸の貼り方

ボンドでとめた点

台紙にボンドをところどころつけて貼る

麻ひもの貼り方

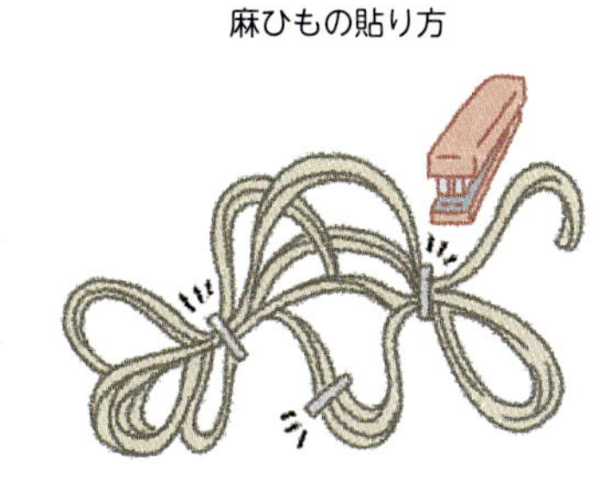

ところどころまとめてホチキスでとめ、台紙に貼るか、直接台紙にとめる

◆葉のつくりかた

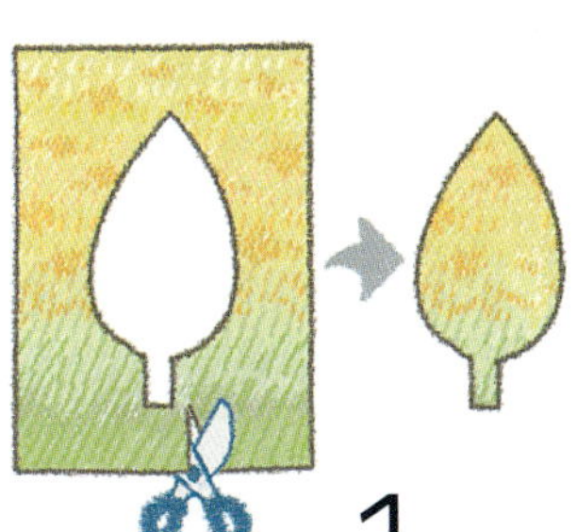

1 広告や雑誌のカラーページの部分を色として切り抜く

広告や雑誌の紙は少し厚手の方が効果的です

2 切りとった葉の形を指でつまみ折りじわをつけて立体感を出す

葉の葉脈をカーブさせると表情が出ます

◆いろいろな素材を貼った厚紙の飾り方

台紙に穴をあけ、
リボンを通し裏でむすぶ

少し幅広のリボンやテープを通すと
台紙の間が調整できる

ひとりひとりの作品をつなげて、壁飾りにしても楽しいです

厚紙テープでつくる

両面カラーのテープを丸めたり折ったりして組み合わせ、抽象的な形や具体的な形をつくって飾る。

準備と材料

●両面カラーテープ（日本色彩研究所、カラードテープ、1センチ巾）
台紙　●色厚紙
●ハサミ　●速乾ボンド
●洗濯バサミ（ピンチ）　●お手ふき

◆厚紙テープでレリーフ状につくる

1 好きな色のテープで外枠を作り、ボンドで接着しピンチでとめる

例①
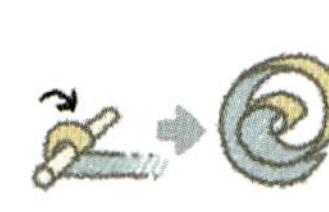
例②
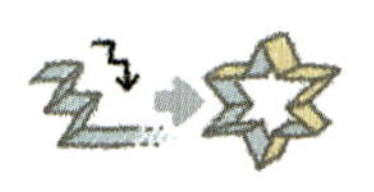
例③

例④

例⑤
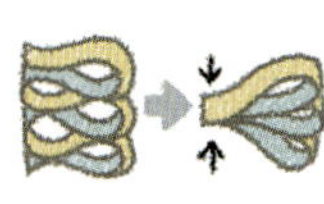

2 色々なパーツを数個つくる

数個のパーツを枠の中にボンドでとめます。様子をみながら、更にまたパーツをつくりはずれないように詰めてとめて仕上げます

3 枠の中にパーツをボンドでつけピンチでとめていく

◆立体的に組み立てる

両面カラーのテープを丸めたり折ったりして公園の遊具や現代アート作品をつくるようにイメージして組み立てる。

準備と材料

●両面カラーテープ（日本色彩研究所、カラードテープ、1センチ巾）
●両面カラー厚紙（1～2センチ巾に切り長さをかえて用意する）
台紙　●色厚紙
●ハサミ　●速乾ボンド　●洗濯バサミ（ピンチ）
●お手ふき

接着した部分から折ると形がきれいに折れます

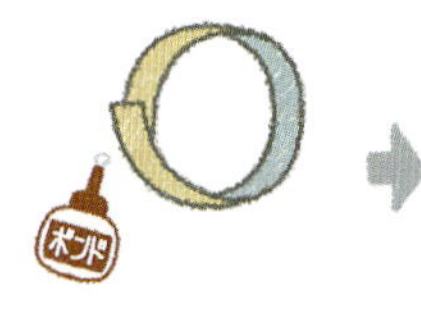

好みのテープを10本ほど選び、ボンドとピンチでとめ、丸をつくる

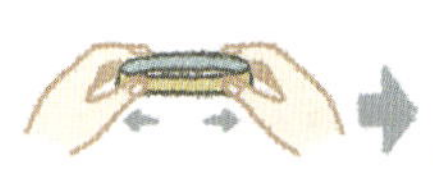

ボンドでとめたところを2つに折る

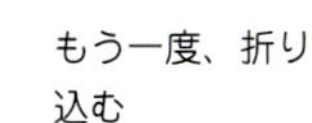

もう一度、折り込む

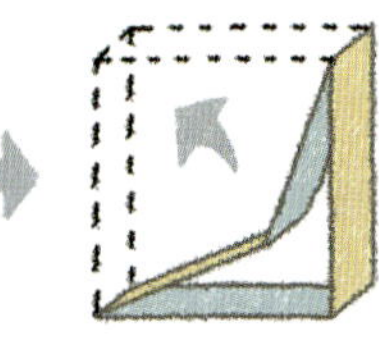

折ったところを広げる

折れた部分を反対に折り返す。四角形になる

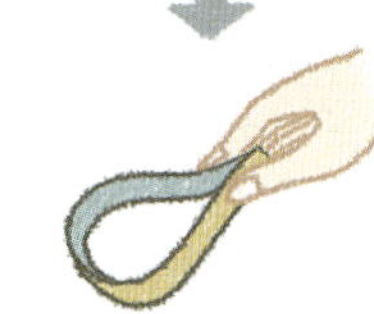

ボンドでとめたところをつまむ。三角形の頂点とする

頂点の両側からつまみ三角形をつくる

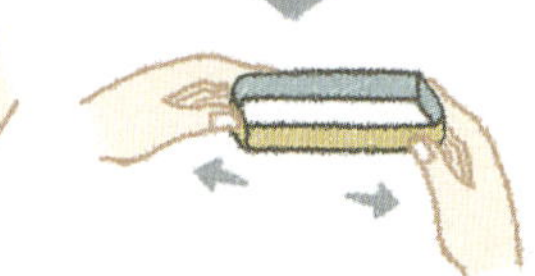

2つ折りの部分を少しずらし、また折る

長方形などができる

台の上に組み立て、ボンドでとめて更に色々なパーツをつくり、自由に仕上げます

ペーパーレリーフ

紙に切り込みを入れ半立体になるようにしたり、切り込んだところを折ったり起こしたり、半立体のパーツもつくり、陰影のあるレリーフ画をつくります。

準備と材料

白い石膏像のようにつくる　●コピー用紙より少し厚手の白い画用紙8つ切り、部分制作用に16切、32切に切ったもの
カラフルなレリーフをつくる　●色ラシャ紙(色画用紙)10色以上　台紙用8つ切　制作用として16切、32切
●ハサミ　●速乾ボンド　●洗濯バサミ(ピンチ)　●お手ふき

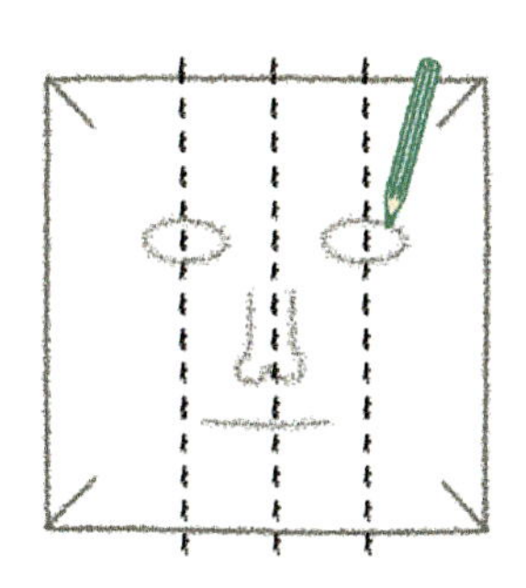

1 台紙にエンピツで目、鼻、口を描き、レリーフ状にするため、四隅にも下書きをする

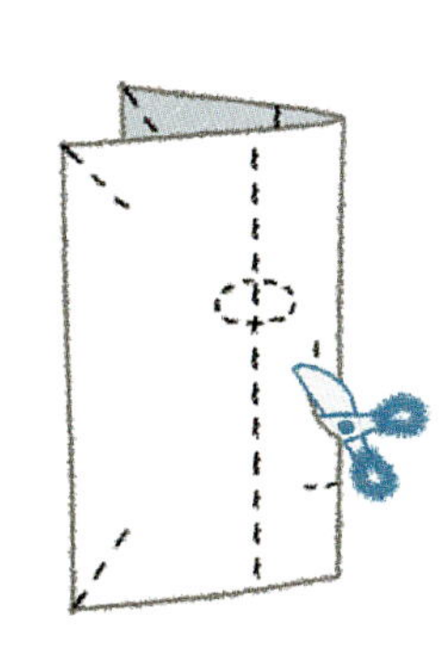

2 鼻に折り目をつけ、ハサミで切り込み、立体感を出す

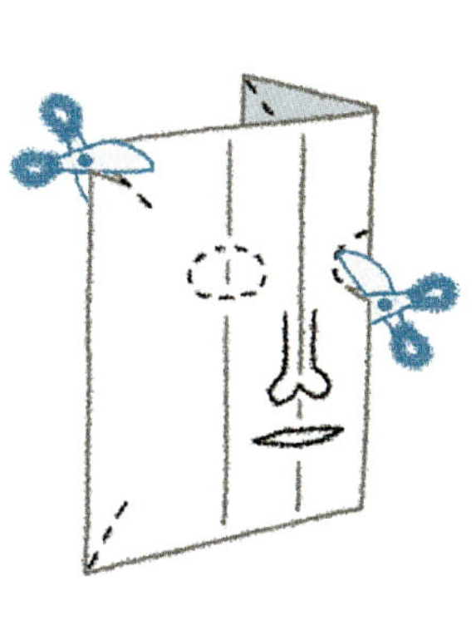

3 目に折り目をつけ、ハサミで切り込む。四隅も切り込む

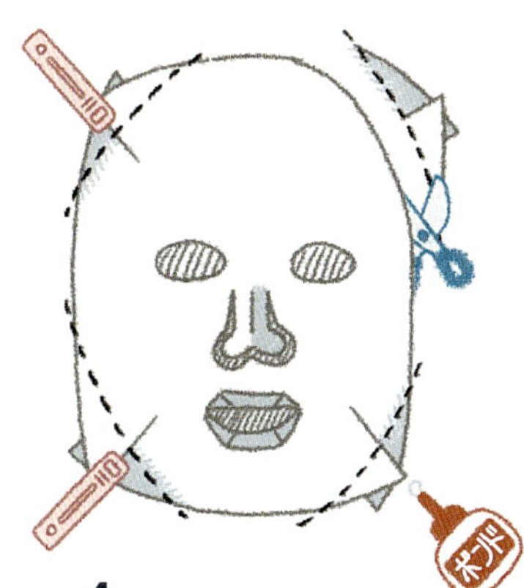

4 四隅の立体感を出すため、ボンドをつけ重ねてピンチでとめる。ボンドがかわいたら輪郭を切り、形をととのえる

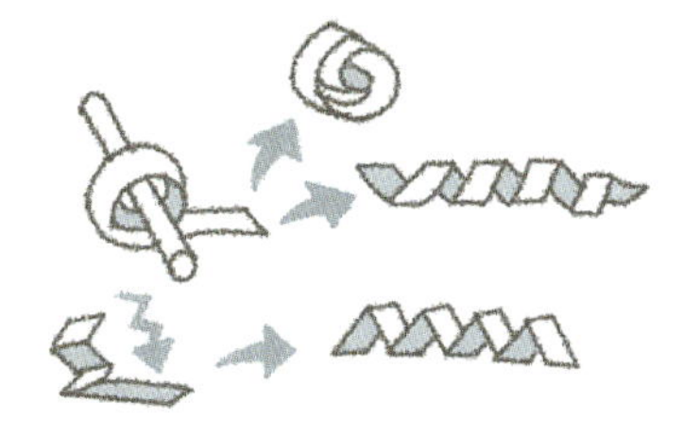

5 紙を丸める時は、棒などを使う

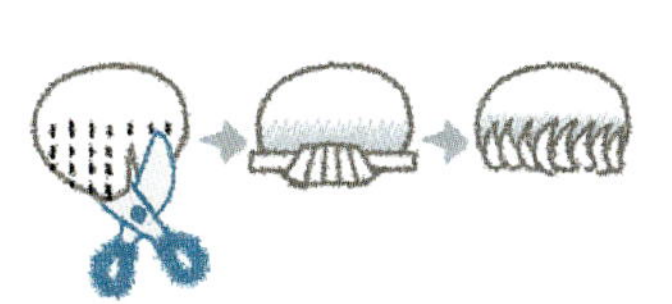

6 それぞれのパーツを工夫して切り、折り曲げ、丸める

7 レリーフ状につくるため、いろいろ工夫してみる

お面は濃い色の台紙に貼ると白い石膏像のように見えます

1 折り目の場所に、ななめにハサミで切り込みを入れる

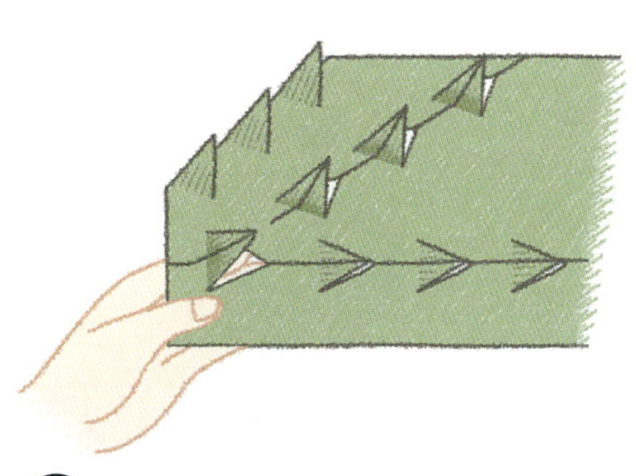

2 紙の下から指を差し込み、切り込みを起こす。紙のはしをななめに切り込み、その先を起こす

紙立体　起きあがりこぼし

◆紙立体

色ラシャ紙(色画用紙)をシンプルな形に切ってそれをベースにして折ったり曲げたりして、動物たちをつくります。

準備と材料

●色ラシャ紙(色画用紙)10色以上、16切、32切に切ったもの
●ハサミ　●速乾ボンド　●洗濯バサミ(ピンチ)　●お手ふき

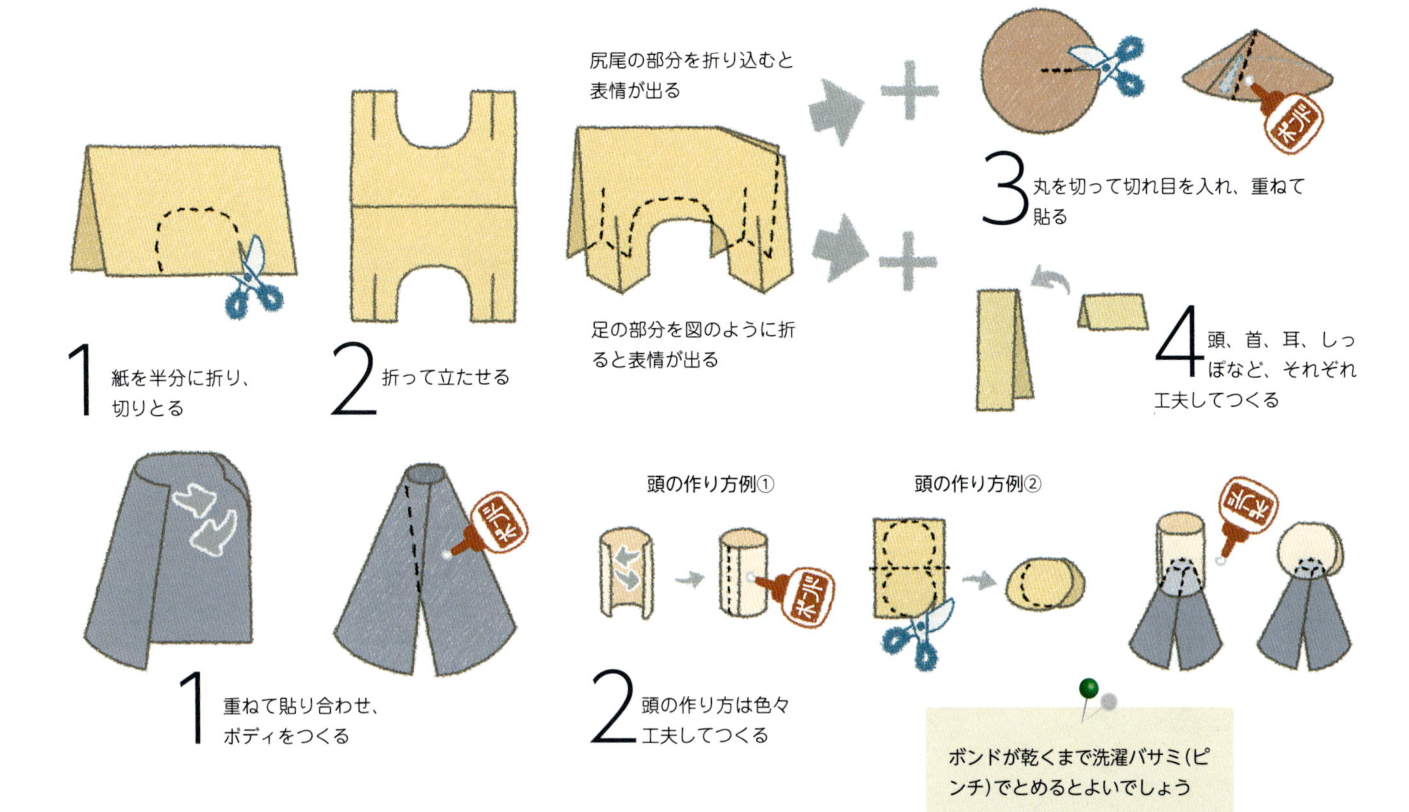

◆起き上がりこぼし

紙立体でいろいろな形をつくり、重りを入れた輪の上に立たせて起き上がりこぼしにします。

準備と材料

●丸い輪(白ボール紙などで輪をつくる)、ガムテープの芯を集めて利用する　●重り、粘土玉か石(ガムテープでとめておく)
●色ラシャ紙(色画用紙)10色以上　16切、32切に切り分けておく
台として　●色厚紙　●ハサミ　●速乾ボンド　●洗濯バサミ(ピンチ)　●ガムテープ(布製)　●エンピツ　●お手ふき

粘土の重りの場合は、先につくり、乾かしておくと良いでしょう

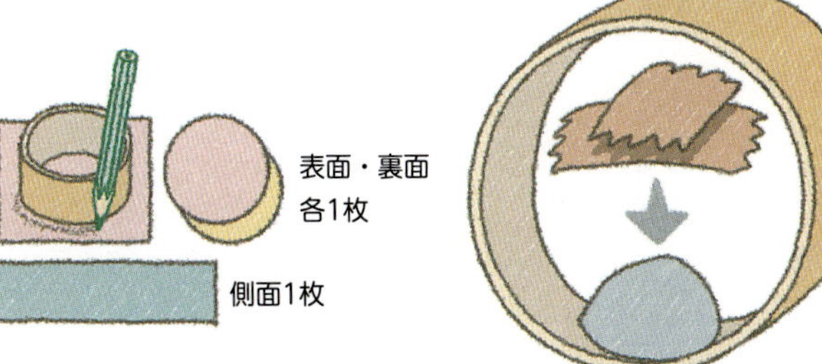

1 ガムテープの芯やボール紙で作った輪の形をとる

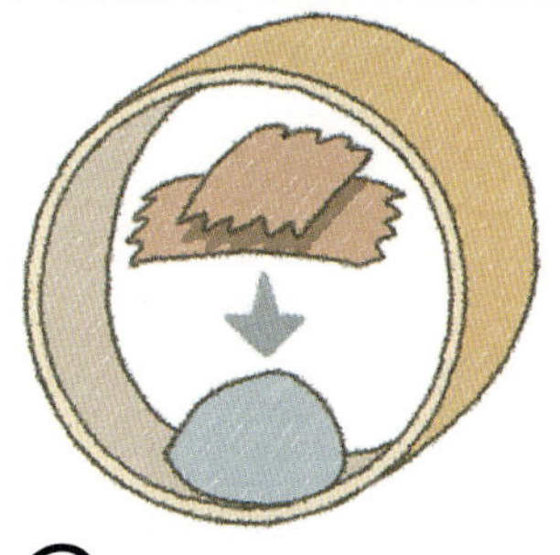

2 重りとして石や粘土にボンドをつけガムテープでとめる

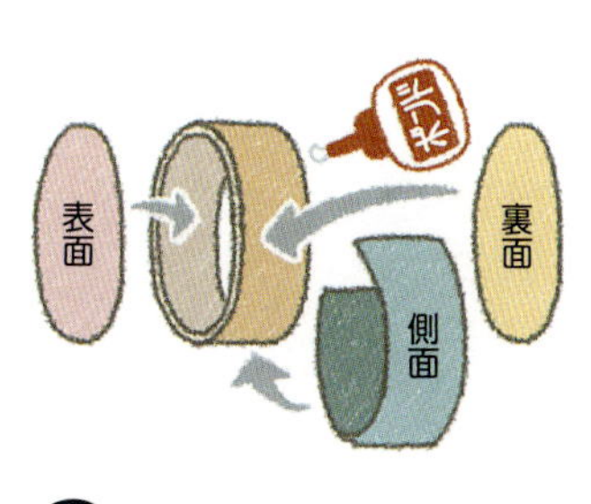

3 輪の両面と側面を貼る

4 人形はそのままとりつけ動物など大きめのものは厚紙で台をつけた上にのせる

14 身近な材料で車をつくる

◆ダンボールや厚紙でつくる

段ボールの板に色厚紙や両面カラー紙などでいろいろ楽しく工夫して走る車をつくります。

準備と材料

- 厚い段ボール板(幅10センチ位、長さ20センチ位)
- ストロー　●竹ぐし　●ガムテープ片(布製)
- 色厚紙　●両面カラー紙　●色ラシャ紙(色画用紙)などを16切、32切に切り分けておく
- タイヤ、プラスチックのフタなど、あるいは片面段ボールを丸めてつくる(プラスチックのフタはドリルやキリで竹ぐしの太さの穴を開けておく)
- ドリル　●速乾ボンド　●ハサミ
- 洗濯バサミ(ピンチ)　●お手ふき

タイヤ作り①案

プラスチックキャップにドリルやキリで穴をあける

タイヤ作り②案

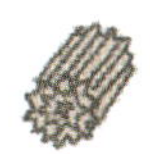

片面波形ダンボールを巻く

更に色ラッシャを一巻きするとカラフルになる

ドリルで穴をあける場合、木の台などの上で、すべらないように気を付けてあけてください

タイヤ取り付けA案

ダンボールの切り口に竹ぐしを通し、タイヤの軸にする。竹ぐしの先に、ボンドをつけ、タイヤを固定する

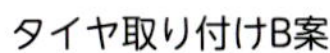
タイヤ取り付けB案

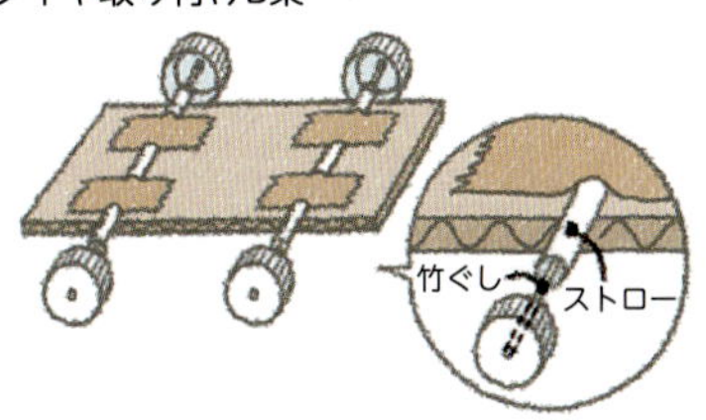

ストローの中に竹ぐしを入れ、台の裏にガムテープでとめる。竹ぐしの先にボンドをつけ、タイヤを固定する

台にタイヤがついたら、まず一度走らせて、車のイメージ作りをします

台の上に、いろいろな形を色ラシャ紙や両面カラー紙でつくり楽しく工夫する

◆木の板と木片ブロックでつくる

板に木のブロックなどを付けて車をつくります。遊びの要素があり走らせて楽しめます。

準備と材料

- 木の板　厚さ1センチ位、巾10センチ位、長さ20センチ位
- 木のブロック(市販のもの、タイヤ入り)
- ワインコルクを切っておく
- タイヤ(穴が開いていない場合はドリルで穴を開ける)
- ドリル　●キリ　●釘(タイヤの厚さと台に打ち込む長さ1センチをプラスしたもの)　●カナヅチ　●速乾ボンド　●ポスカ
- アクリルカラーなど　●お手ふき

1 板にキリで釘が打ちやすいように穴を少しあける

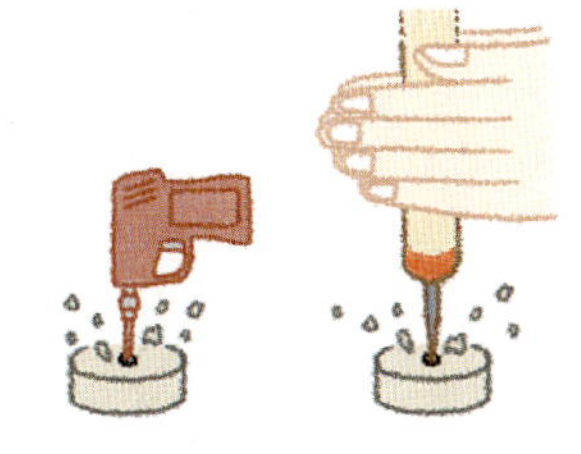

2 木のタイヤに打つ釘の太さより大きく、ドリルやキリで穴をあける

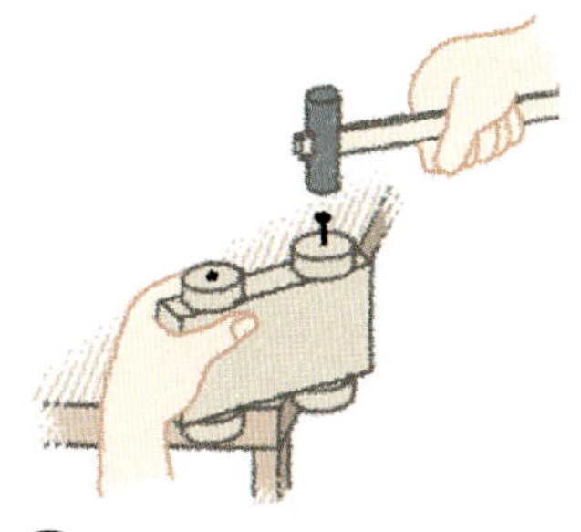

3 釘をまっすぐに打つ。反対側にタイヤを打つ場合は、台の角などにのせて打つ

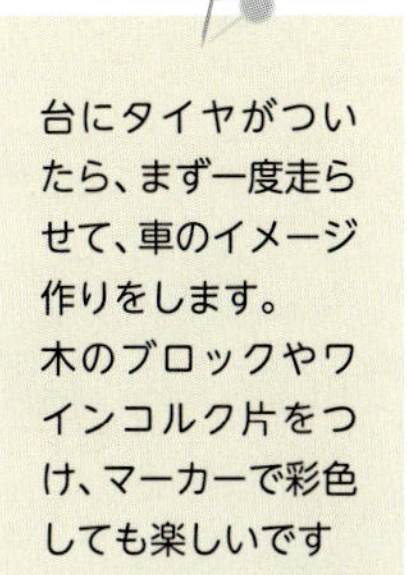

台にタイヤがついたら、まず一度走らせて、車のイメージ作りをします。
木のブロックやワインコルク片をつけ、マーカーで彩色しても楽しいです

15 コルクペーパーの絵　木とワインコルクのマスコット

◆コルクペーパーの絵

板の上にコルクペーパーを重ねて貼り陰影の出る絵をつくります。

準備と材料

- 木の板　厚さ1センチ位、巾10センチ位、長さ15センチ位(板にあらかじめ濃いめの色の水性ニスか、水性ペンキを塗っておく)
- コルクペーパー　厚さ1ミリ〜2ミリのもの
- ロープ(太めのもの、10センチ位)
- 釘(16ミリ)　● カナヅチ
- ガムテープ(布製)
- 速乾ボンド
- ハサミ
- お手ふき

コルクにマーカーで彩色してもすてきです

1 板にあらかじめ濃い色の水性ニスを塗っておく

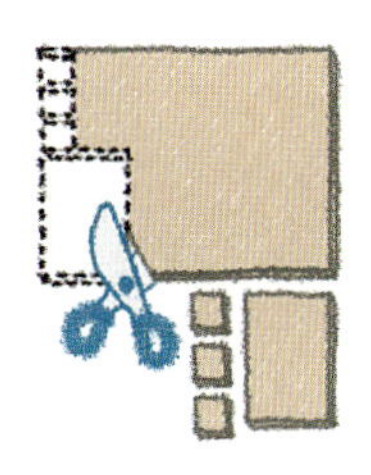

2 コルクペーパーを作りたいものの形に切る

3 立体感が出るように重ねたりずらして貼ったり、上にもようを貼ったりする

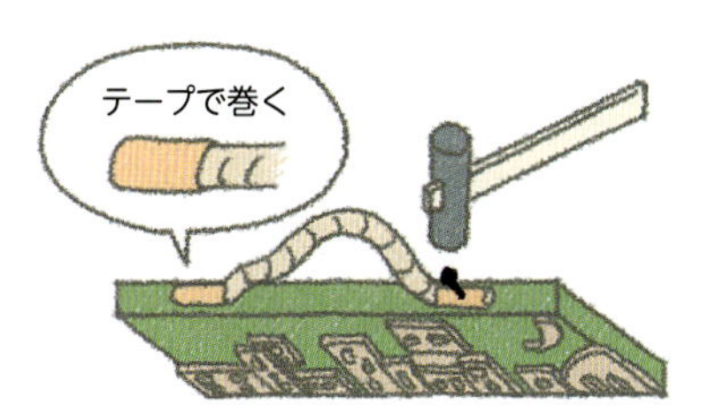

4 ロープを釘で打ちつけ、壁に飾れるようにする

◆木とワインコルクのマスコット

木のブロックにワインコルクで頭をつけ小さい生き物のマスコットをつくります。

準備と材料

- 小ぶりの木のブロック(集成材をカットしたものなど)
- 竹ぐし(ペンチで切れる)　● ペンチ
- ワインコルクをカットしたもの(タイヤにもなる)
- かんなくず　● コルクペーパー片　● カラーフエルト片
- 毛糸　● ウッドビーズなど
- ハサミ　● 速乾ボンド　● お手ふき

カッターナイフではなく包丁の方が切りやすいですが、すべらないように気をつけて切ってください

竹ぐしの長さにより、首の長さが決まり、色々なものになりますので工夫して可愛いいマスコットにしてください

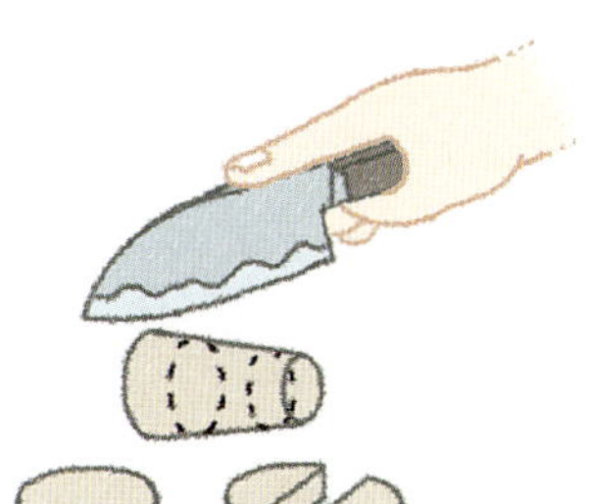

1 ワインコルクを輪切りにする

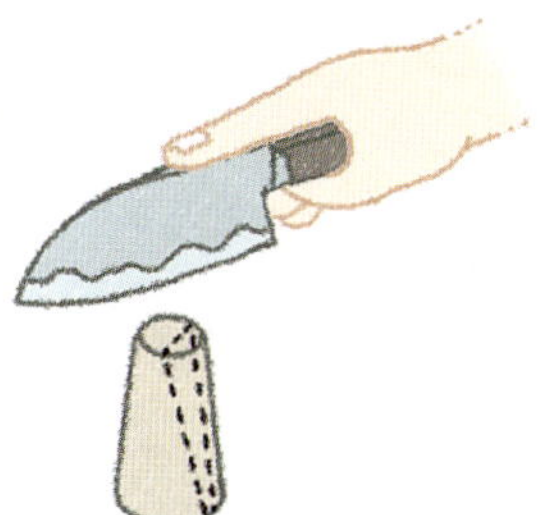

2 ワインコルクを縦にして、ななめに切りおとし、頭にする

3 木のブロックに竹ぐしが入る位の穴をドリルであける

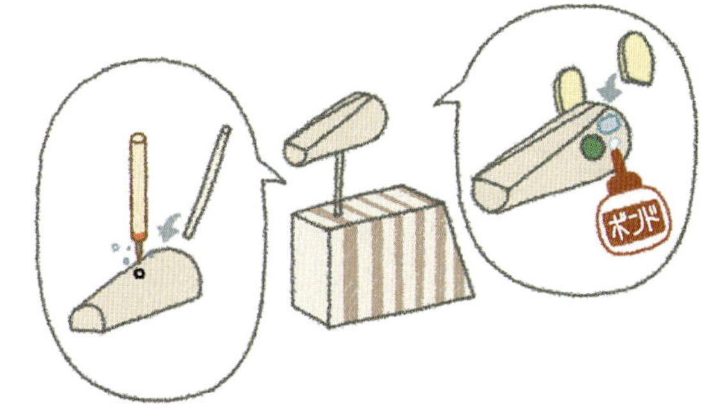

4 頭のワインコルクにキリで穴をあけ、竹ぐしを差し込む。竹ぐしのついた頭のワインコルクを木のブロックに差し込む

16 糸や毛糸を木の棒に巻いてつくる飾り

メキシコやアマゾンなどでお守り(神の目と呼ばれる魔除け)の民芸品をヒントにカラフルな飾りを作ります。

準備と材料

- 木の小枝(ない場合は割り箸)12センチ～20センチ位
  アートフラワー用針金で小枝2本を ＋ 字に
  3本を ＊ に組んでおく
- アートフラワー用30番(紙巻のもの)
- 毛糸(極太、あるいは極細、中細)
  同じ様な太さの毛糸を準備する
  毛糸や糸は小巻にしておく
- 速乾ボンド
- ハサミ
- お手ふき

1 十字に組んだ枝の中央にアートフラワー用の細い針金を巻きつけボンドでとめる。細い針金はハサミで切れる

2 好みの毛糸で中央をいろいろな方向にぐるぐる巻き、針金が見えないようにして、ボンドでとめる

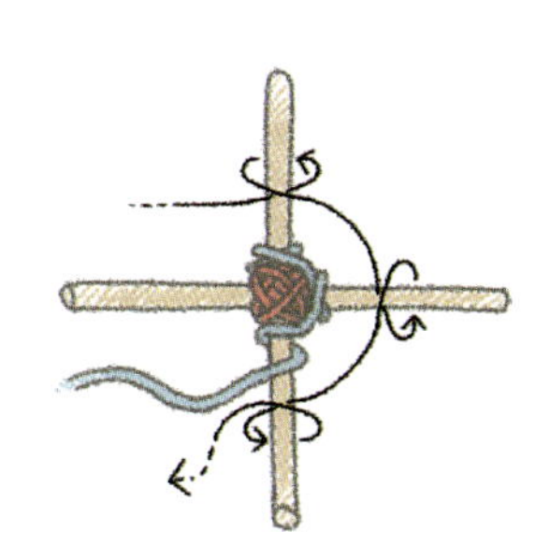

3 更に、1つの枝にボンドをつけ、好みの毛糸を1回巻きつけ、次の枝へと同じ方向に巻いていく

4 好みの毛糸を枝に巻きつけるのをくりかえして、それぞれボンドをつけて巻き終る

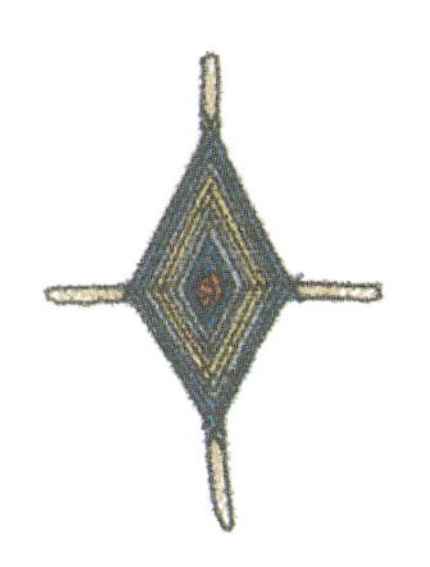

菱形につくる

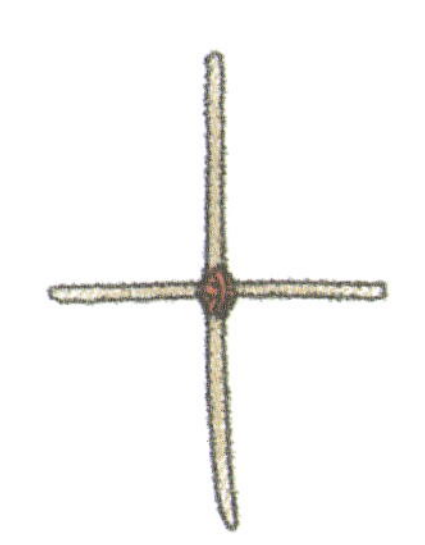

1 たての枝を長めによこの枝を短めに組み、針金でとめ、ボンドをつけ、中心に好みの毛糸を巻きとめる

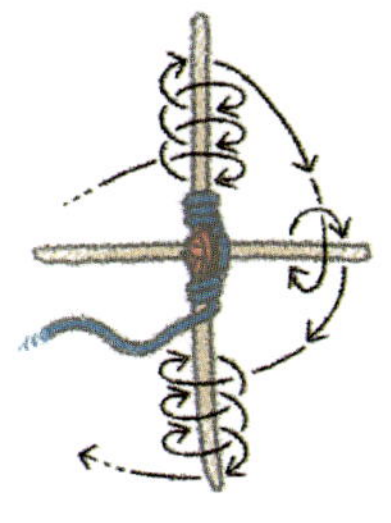

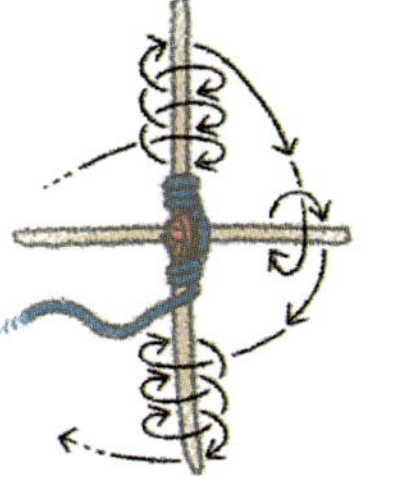

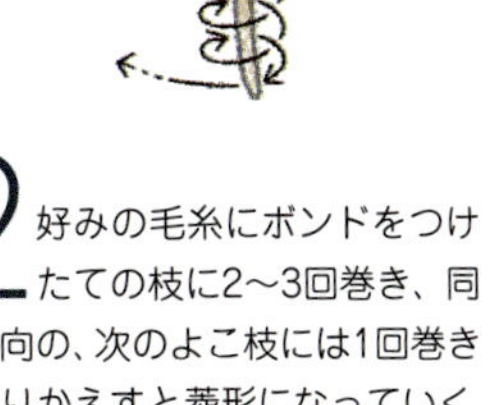

2 好みの毛糸にボンドをつけたての枝に2～3回巻き、同じ方向の、次のよこ枝には1回巻きをくりかえすと菱形になっていく

共通の注意点

枝に毛糸を巻く時は重ならないように巻きつけて下さい

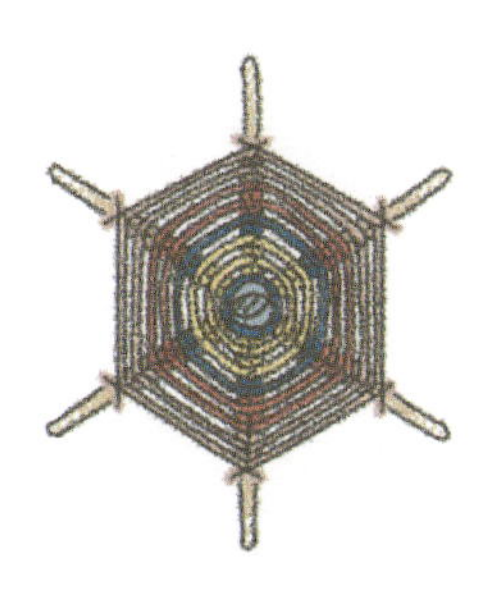

透けるようにつくる

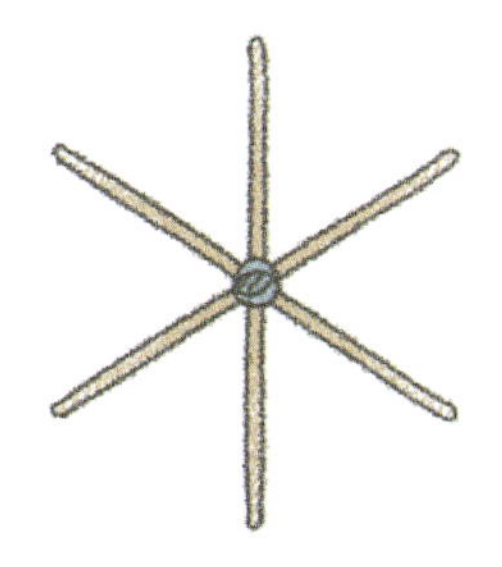

1 3本の枝を組み、針金でとめ、ボンドをつけ、好みの毛糸を巻きとめる

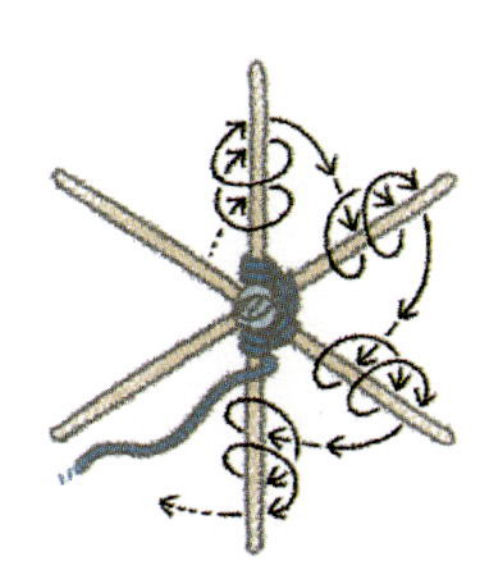

2 次に毛糸を選び、始めにボンドをつけ、それぞれの枝に2回～3回ずつ同じ方向に巻き付けていくと、毛糸と毛糸の間が透けてクモの巣のようになる

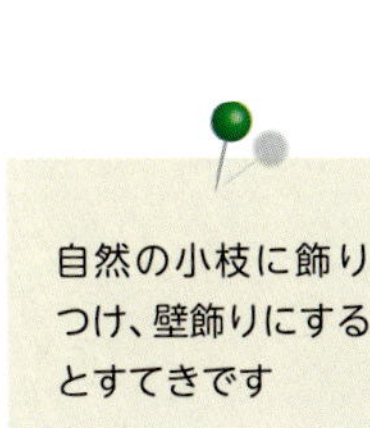

自然の小枝に飾りつけ、壁飾りにするとすてきです

A
B

17 糸や毛糸で線を描いてつくる壁飾り

穴を開けた枠や台に色々な糸や毛糸を自由に通し線による模様を描きます。

準備と材料

台紙　●厚紙、色厚紙に穴を開ける(穴あけパンチ／ポンチ)

●糸　●毛糸(極細～中細ぐらい)10色以上沢山(1メートルくらい切り束ねておく)　●毛糸針(穴の大きなもの)

●ガムテープ(布製)小さく切ってプラスチックの物差しやクリアファイルなどに、はがしやすくしてたくさん貼っておく

●ハサミ

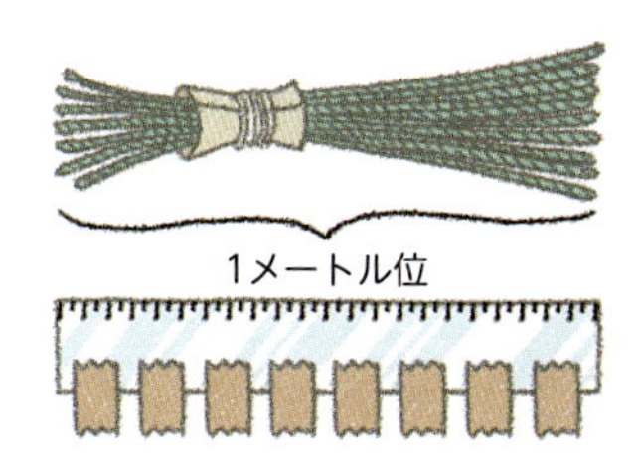

1 糸や毛糸は紙を巻きゴムで止めると抜きやすい。ガムテープは小さく切ってプラスチック製のものにとりやすく貼っておく

2 四角や楕円などの形の色厚紙のまわりにポンチで穴をあける

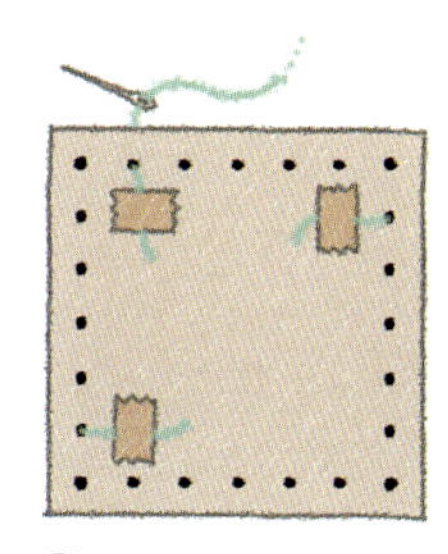

3 糸を毛糸針に通し台紙のうらに糸をガムテープでとめ表に出す

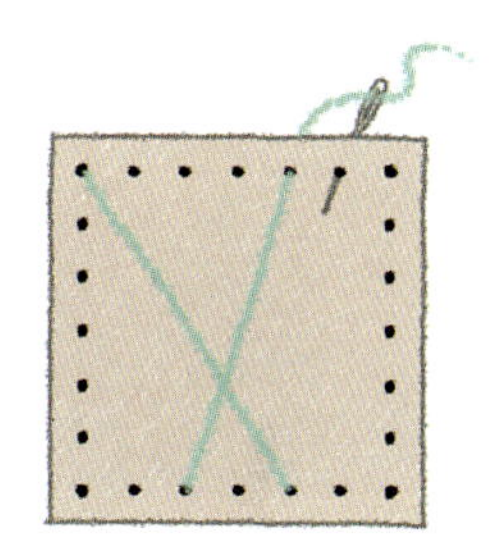

4 表の方に糸の線模様が出るようにつくる

共通の注意点

糸の始まりと、終りはすべて裏にガムテープでとめ表に模様が出るようにします。ガムテープで穴をふさがないように注意してください

◆台つきの枠をつくる

準備と材料

- 色ラシャ紙
10色以上(32切)

台紙と枠

- ボール紙

枠の飾り

- カラー厚紙
- 木工用ボンド
- ポンチ
- カナヅチ

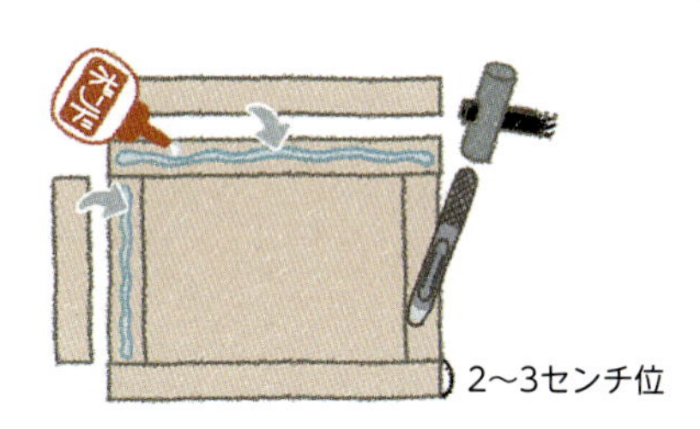

1 厚紙の台に厚紙の枠を貼りつけてポンチで内側に近いところに穴を1センチ位の間かくであける

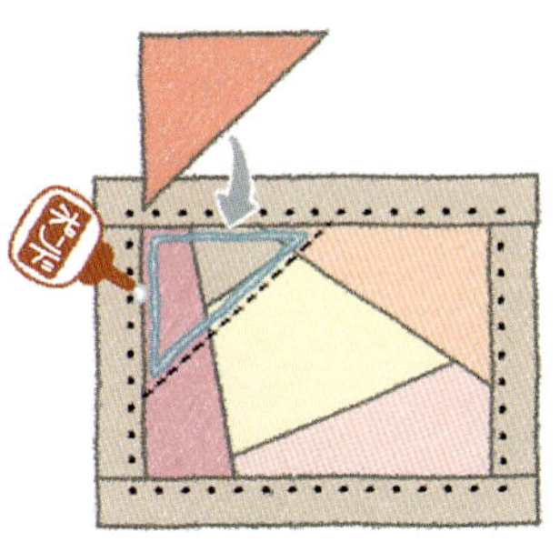

2 枠の中に色ラシャ紙を色々な色と形で貼る

糸のかけ方で曲線もできます

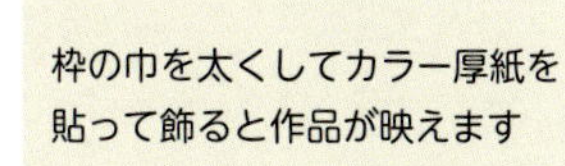

枠の巾を太くしてカラー厚紙を貼って飾ると作品が映えます

◆枠だけをつくる

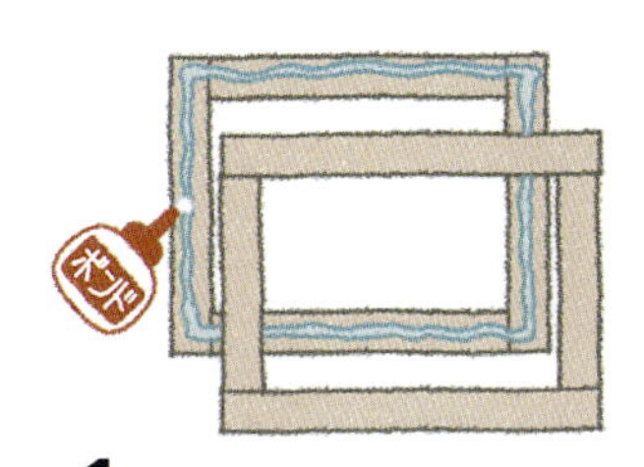

1 厚紙で枠をつくる。組み方を変えた枠を重ねて貼り合せる

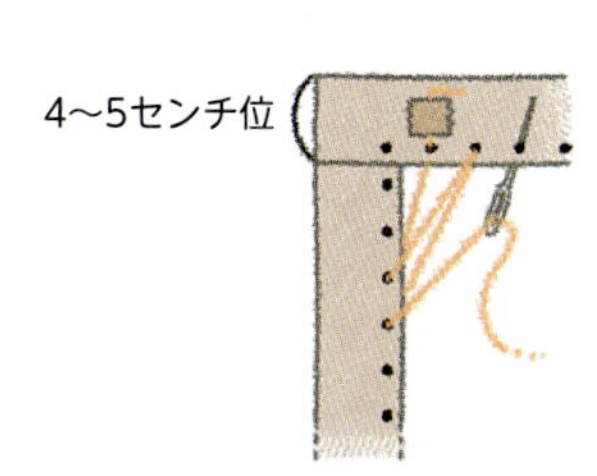

2 内側に近いところにポンチで穴をあける。毛糸針に通した糸をガムテープでとめ、穴に糸を通していく

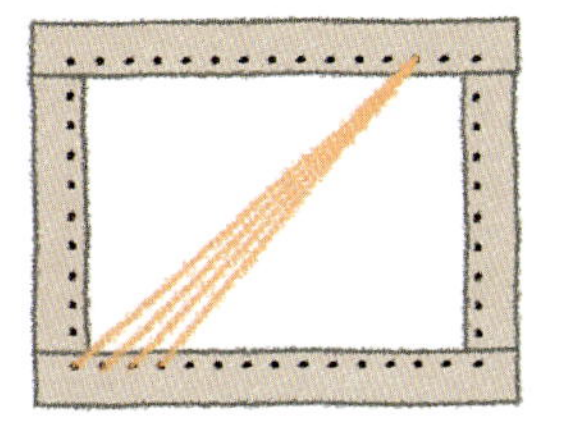

3 中がすける枠だと1つの穴に何本も糸を通すことができる

うしろをすけたままにしてもよいですが糸の色と合う色のラシャ紙を貼るとより効果的です

※写真A、Bはうしろに色ラシャ紙を貼ったものです

簡単な織物

厚いボール紙で簡単な織る台をつくり、たて糸を手ですくい織ってタピストリーをつくります。

準備と材料

織り台　●厚いボール紙（花バサミや枝きりバサミなどで切れ目を入れる）

●たこ糸（料理用など）

●台と張った糸の間に入れてゆるみを調節する枕（段ボールをガムテープで止めてつくる）

織り込むもの　●毛糸（小巻にしておく）　●ひも　●リボン　●裂いた布　●草の茎　●小枝などいろいろ

●ハサミ　●ガムテープ片（布製）　●フォーク

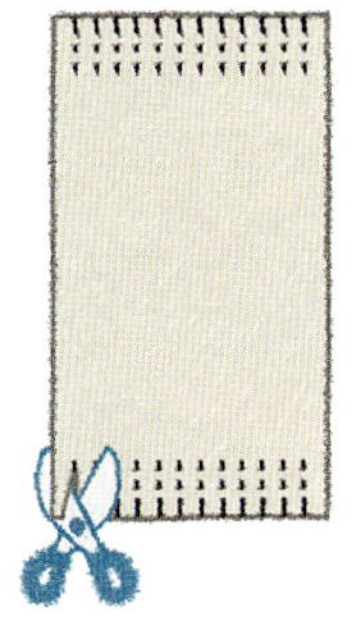

1 厚ボール紙に花バサミか枝切りバサミなどで7～8ミリ間かくで切れ目を入れる

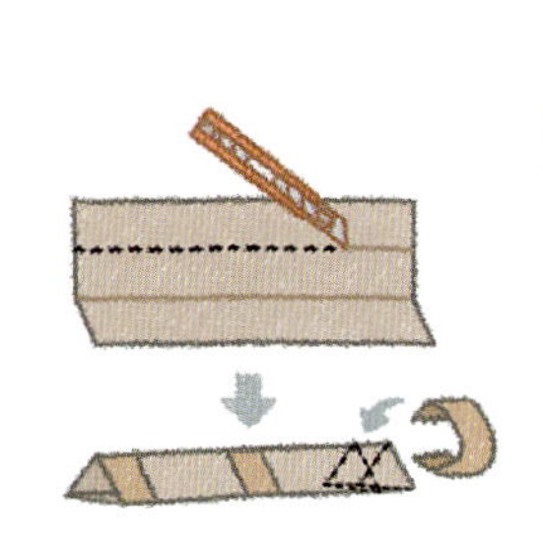

2 台と張った糸の間にゆるみを調整するためダンボールを折って三角の枕をつくる

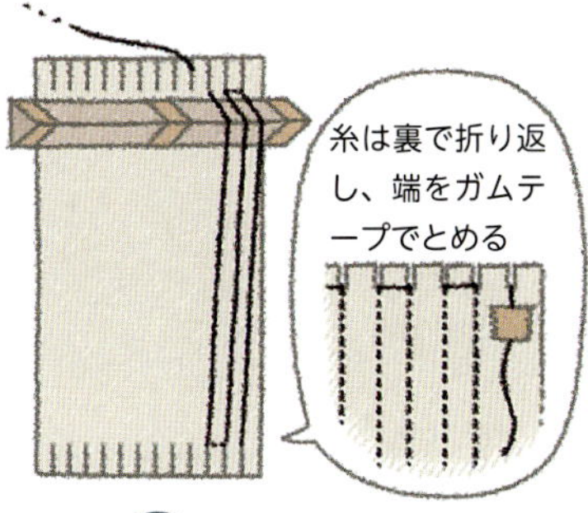

3 たこ糸を切れ目に差し込み枕の上からかけて張る

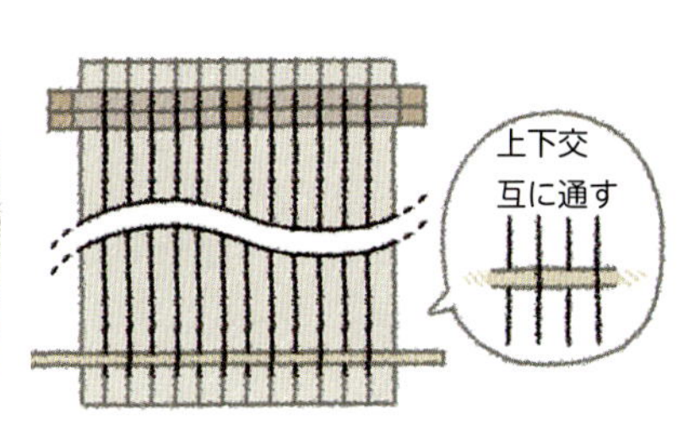

4 織り始めのたて糸に棒か小枝を糸の上、下、上、下と通す

◆織り台ごと飾る

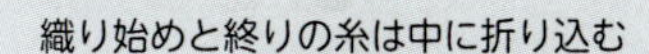

織り始めと終りの糸は中に折り込む

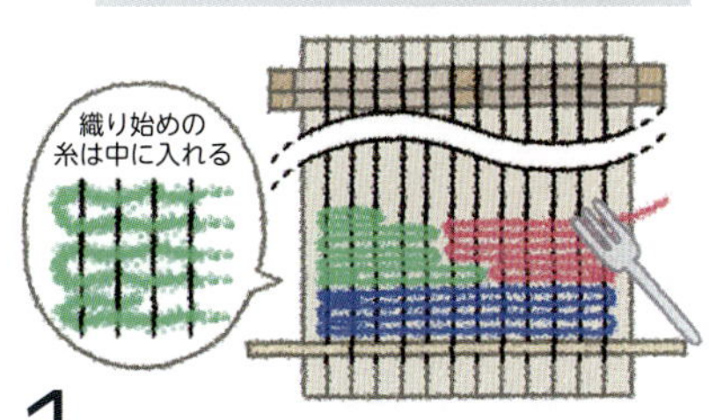

1 たて糸を手で上、下、上、下にすくい、糸を入れ込む。数段入れ込んだらフォークを使い糸をつめる

織り始めが上になります

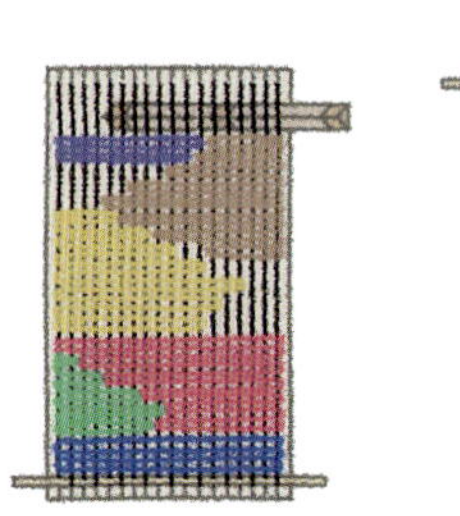

2 枕をはずす

3 織り始めに通した棒に吊り下げるためのひもをつける。織り終りのあいたところに草の茎などを織り込んでもよい

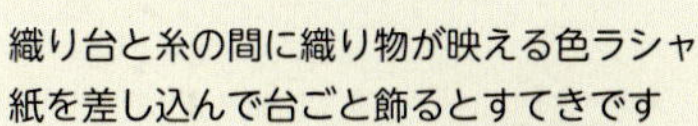

織り台と糸の間に織り物が映える色ラシャ紙を差し込んで台ごと飾るとすてきです

◆織り台をはずし飾る

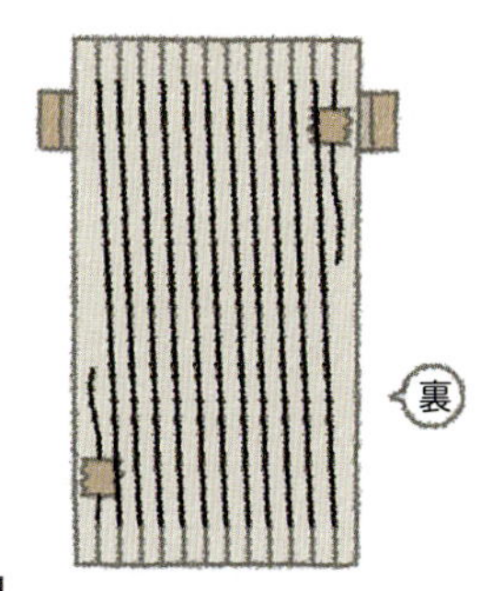

1 台の切れ目にたこ糸を差し込み、枕の上からかけて表と裏にぐるぐる巻いて、糸を張る

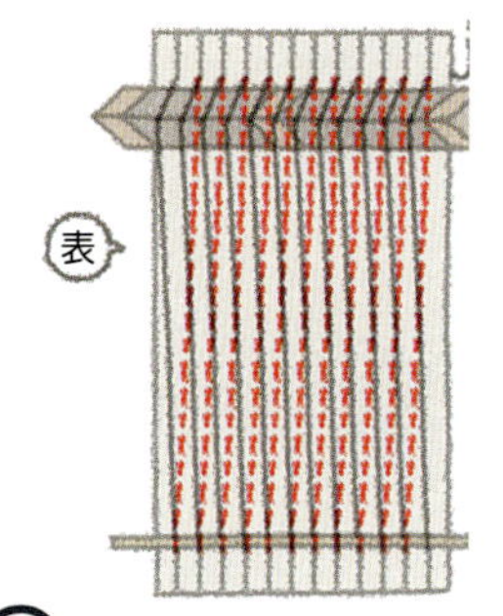

2 織り始めにたて糸に棒か小枝を上、下、上、下と通す

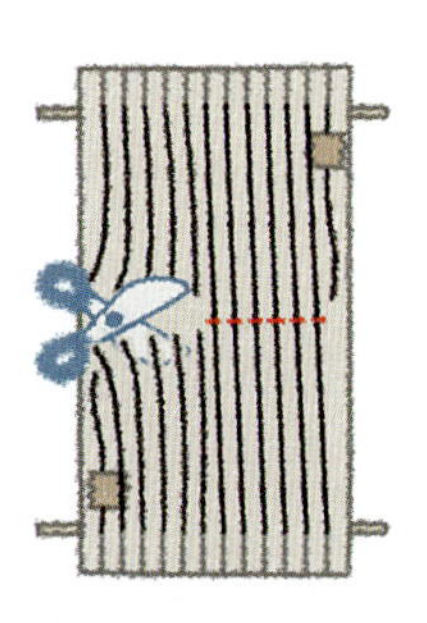

3 織り終ったら枕をはずしてたて糸に棒か小枝を上、下、上、下と通し、裏の糸を真中から切りはなし、上と下の棒のところで織った毛糸などがほどけないように、たて糸を結ぶ

4 下はたて糸を結んで束ねたり、そのままさげてもよい。上は吊りさげるようたて糸を結んで束ねる

19 石でつくるペーパーウェイト

石／粘土／針金

◆石を組み合わせて彩色してつくる

こぶし大の石に小さい石を接着させ生き物などをつくり、楽しく模様を描き仕上げます。

準備と材料

●石　こぶし大(体)中くらい(あたま)小さいものいろいろ(しっぽ、耳、目、角など)石はよく洗って乾かしておく
●速乾ボンド　●ガムテープ片(布製)　●水性ペン
彩色　●アクリルカラー　●ポスカなど　●筆　●お手ふき

ボンドの表面が少し乾くまで待って石をつけます

下塗りをすると色の効果が良くなります

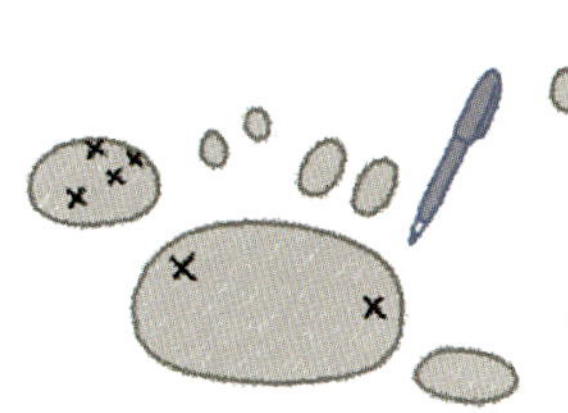

1 どんなものにするか考え石を選び、部品をくっつけるところを水性ペンなどで石に印をつける

2 ボンドを印のところにたっぷりつける

3 大きめの石はガムテープでとめる

4 石が完全についたら2～3色で大きく塗りわける

5 下塗りが乾いたら細めのポスカで模様を描く

◆石に頭をつけて染めた和紙を貼ってつくる

石に粘土で作った針金付きの頭をとりつけ、染めた和紙を貼ってユニークなものをつくります。

準備と材料

●石　こぶし大(体)
頭として　●軽量紙粘土
●針金(アルミ針金φ1ミリ)いろいろなものになるように、粘土の頭は丸や長方形に針金の長さは長めにする　●ペンチ
和紙　●染めた和紙(市販の染めた和紙あるいは32の「和紙を染める」参照)　●ヤマトのり(ほんの少しの水でのばす)　●ガムテープ片(布製)　●速乾ボンド　●小ぶりのハケ　●お手ふき

首の長いものをつくる場合は針金は長めにねじってつくるとよいでしょう

のりはハケなどで石のほうに塗ります

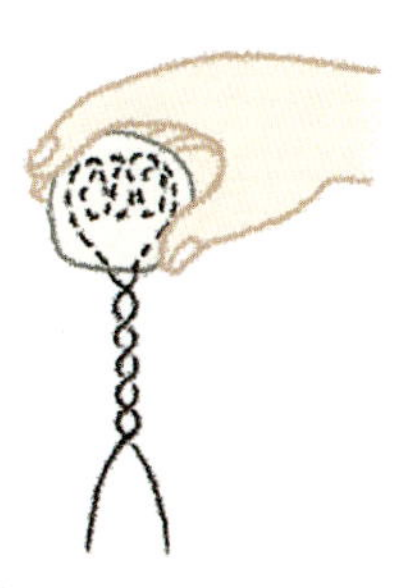

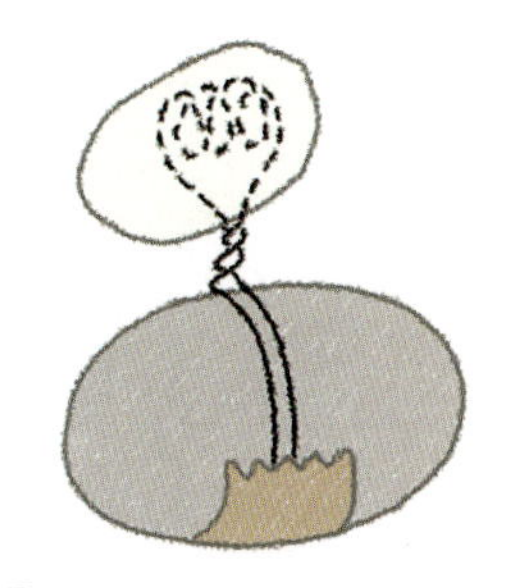

1 針金が抜けないようにして軽い粘土で頭をつくる

2 体に針金を巻きつけ頭をとりつけガムテープでとめる

3 石にのりをつけ手でちぎった和紙を貼っていく

4 目、耳、鼻、尾、羽根などはボンドでつける

粘土　平面

紙粘土で平らに形をつくり、色々な物で線や模様の型押しをし、小石を埋め込んでつくります。乾かして台紙に貼り額絵にしたり、彩色してつるす飾りにすることもできます。

準備と材料

●軽量粘土

粘土を小さく切りわけておくと使いやすいです

●下敷き（クリアファイルをつかうとはがすとき便利）
型押し用　●粘土ベラ（ワリバシ、丸バシ、エンピツ、キャップ、など）　●小石、金魚の石など（モザイク模様に使う）
彩色　●アクリルカラー　●ポスカ　●水彩絵の具など
●速乾ボンド　●ガムテープ（布製）　●お手ふき
●色厚紙　●リボン　●籐などのつるを丸めたもの

◆色厚紙に貼る

1 クリアファイルの上で粘土を平らにのばし形をつくる

2 棒や箸、粘土ベラなどで型押しをする。小石をボンドでつけながら埋め込む

3 完全に乾いたらファイルからはがし色厚紙などに貼る

4 吊りさげるひもをつけガムテープ（布製）でとめる

◆吊りさげて飾る

1 クリアファイルの上で形作り上部に吊りさげるひもをつける穴をあけておく

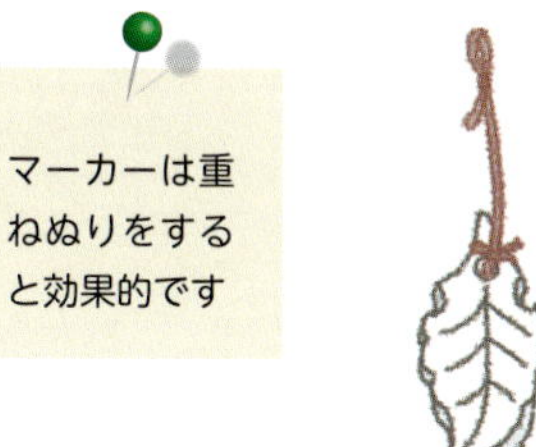

2 完全に乾いたらマーカーで彩色する

3 つるを丸めてその中にさげる

◆ベニヤ板の額に貼る

ベニヤ板の額

A　●厚さ2～3ミリのベニヤ板、●小枝　●針金（アートフラワー用茶色紙巻き、30番）　●キリ　●水性ニスかペンキ　●ガムテープ片（布製）

B　●厚さ2～3ミリのベニヤ板　●短く切った小枝やワインコルクをカットしたもの　●速乾ボンド　●水性ニスかペンキ

共通の注意点

ベニヤ板にあらかじめ濃い色の水性ニスかペンキを塗っておきます

小枝やコルク片は、ボンドをたっぷりつけて貼ります

A 細い枝をベニヤにキリで穴をあけ、細い針金でうらがわにガムテープ（布製）でとめる。細い針金はハサミで切れる

B ベニヤ板に小枝、ワインコルクの輪切りなどを貼って額飾りにする

粘土芯材を入れて　立体

◆ビンを芯材に使う　人形をつくる

口の小さいビンを芯にしてまわりに粘土をつけて人形などをつくります。

準備と材料

●ビン　高さ15センチ位　底が安定しているもの

粘土　●紙粘土　●テラコッタ調粘土など

●アルミ針金(園芸用φ1ミリ)

洋服、髪の毛などとして　●麻ひも　●布　●フエルト　●毛糸

彩色　●アクリルカラー　●ポスターカラーなど

●木工用ボンド　●ガムテープ片(布製)　●筆　●パレットなど

●ペンチ　●お手ふき

1 ビンのフタがない場合はガムテープでふさぐ。手になる針金をビンに巻きつけガムテープでとめる

2 粘土を頭と手にまずつけ、手のポーズを考える

3 ビン全体に粘土をつけ洋服の形などをつくる。乾いたらもようやボタンなど彩色し、目、口も細い筆で描く

4 首まで粘土をつけ彩色し洋服は布やフェルト、色ラシャ紙などでつくり、ボンドで貼る

髪の毛は、粘土が乾いたら毛糸や麻ひもを束ね、真中で結び、ボンドで貼る

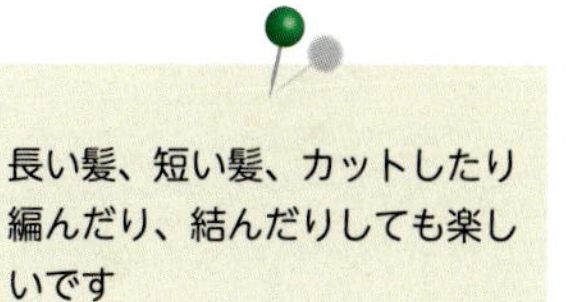

長い髪、短い髪、カットしたり編んだり、結んだりしても楽しいです

◆ロープと針金の芯材を使う　人間や動物をつくる

ロープと針金で作った芯材に紙粘土をつけ動物や人間、立ったり座ったりそれぞれのものをつくります。

準備と材料

粘土　●紙粘土　●テラコッタ調粘土

芯材用　●ロープ(頭用、体用)　●アルミ針金(園芸用φ1ミリ)

ロープを頭用、体用に針金を巻き付けたものを用意する(首や足はながいものにもなるように、針金は長めに切る)　●ペンチ

彩色　●アクリルカラー　●ポスターカラーなど　●筆

●パレットなど　●木工用ボンド　●お手ふき

針金の長さはロープに巻きつける長さをプラスして20センチ位にする

首の針金を長めにつくっておくと、いろいろなものになります

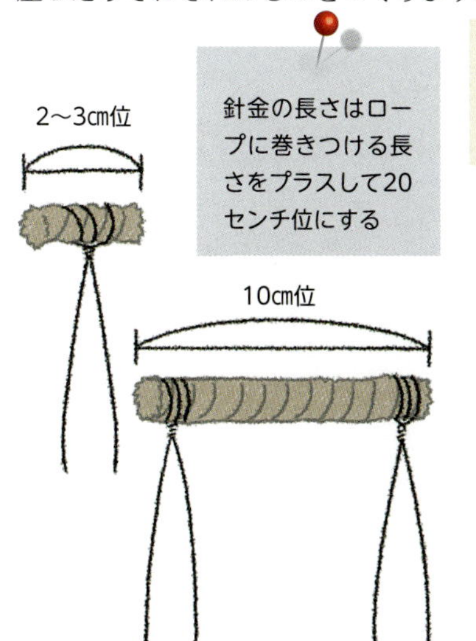

1 ロープを折り曲げ2〜3センチの頭をつくり針金(φ1ミリ)を巻きつける。胴体(10センチ位)の部分も同じようにつくり、足にする

2 首を胴体に巻き、全体に粘土をつけポーズをつくる。尾は麻ひもなどをボンドをつけて粘土に差し込む

3 人形の形にもなる

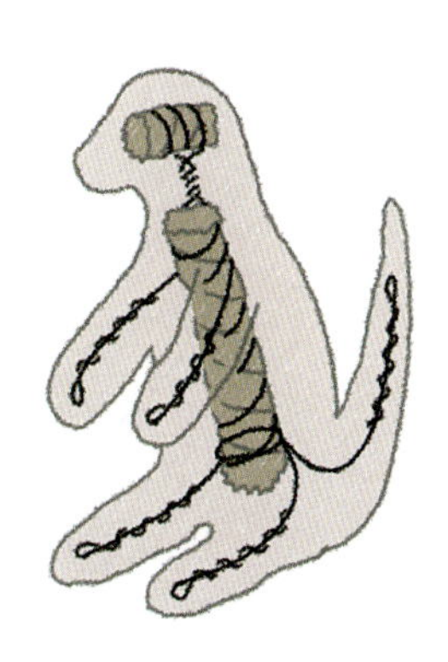

4 長い尾は針金を足す

22 色を塗り込んだ粘土でつくる

紙粘土に絵具を練り込みカラー粘土をつくり、平面的な絵にしたりビンにつけオブジェやペン立てにもなります。また粘土を少しずつつけながら日数をかけて仕上げることが出来ます。

準備と材料

色粘土をつくる
- 軽い粘土　●水彩絵の具　●保存用袋
- ビニール袋　●ビニール手ぶくろ

ビンに貼る
- 広口のビンや少し高いビンなど　●速乾ボンド　●ペンチ
- アルミ針金（φ1ミリ）　●小石（金魚の石）　●お手ふき

絵をつくって飾る
- 下敷き（クリアファイル）　●カラー厚紙
- 速乾ボンド　●お手ふき

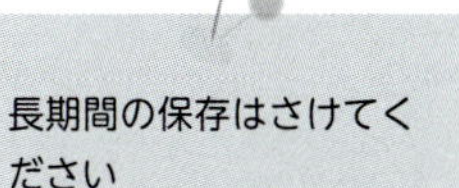

長期間の保存はさけてください

◆色の粘土をつくる

1 粘土を広げ真中に水彩えのぐを少しずつ入れ色味をためす

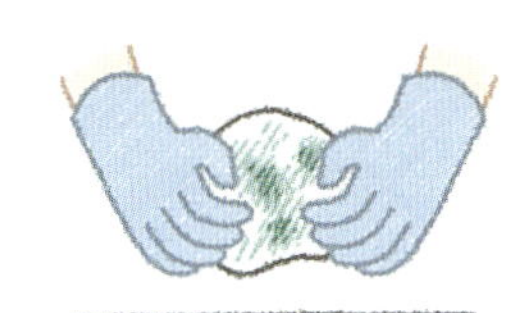

2 手袋をするか、ビニール袋に入れこねる

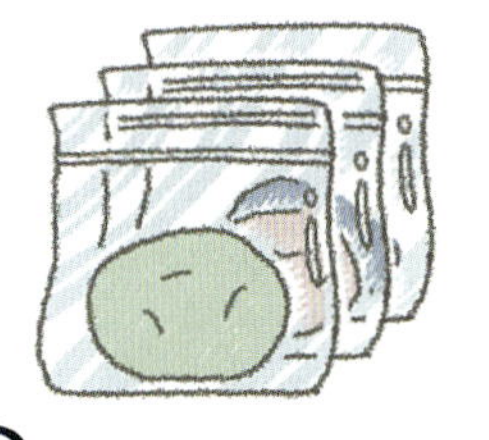

3 あらかじめ赤青黄以外数色つくって保存用袋に入れる

制作者に色をまぜて複雑な色をつくってもらうと楽しめます。少量まぜる時は素手でよいでしょう

◆ビンに貼る

1 ビンに針金を巻き取っ手などにする

日数をかけて少しずつつくることが出来ます

2 色まぜした粘土を少しずつボンドにつけながら貼っていく

小石などで埋め込んでも楽しいです

3 飛び出した部分は折れないように針金に粘土をつけて差し込む

◆絵をつくる

1 クリアファイルの上で粘土を平面的につくる

2 乾いたらファイルからはがして色厚紙の台紙にボンドで貼る

乾いたら色が少しうすくなります。透明ニスを塗ると色がもどり、つやが出ます

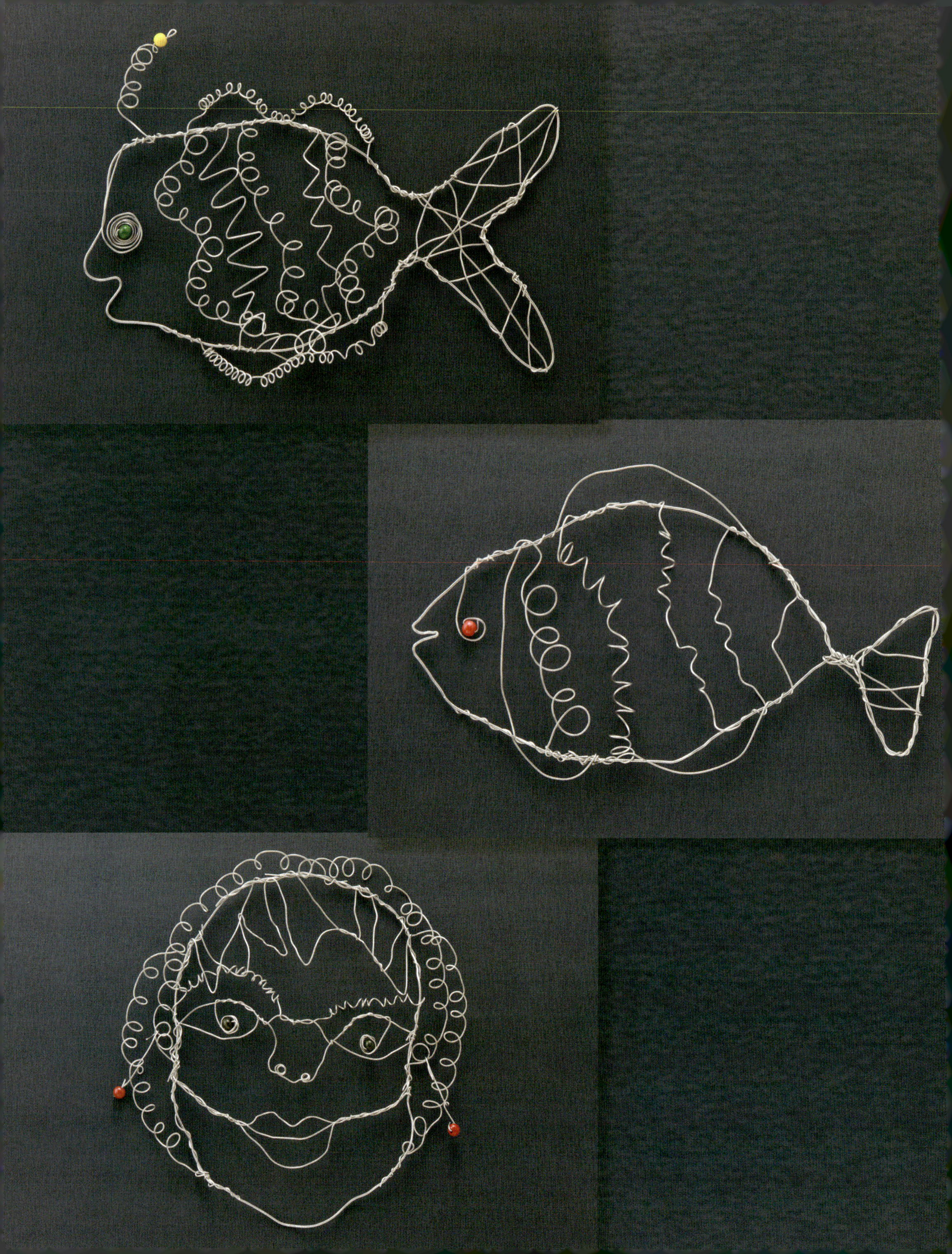

23

アルミ針金　平面

柔らかく扱いやすいアルミ針金で平面的な輪郭を作り、その中にらせん状に作った針金を巻き付けたりして自由に模様をつくります。ポイントにビーズを入れても楽しくなります。

準備と材料

- アルミ針金（園芸用）φ１ミリ、φ1.5ミリかφ２ミリ　それぞれ50センチほどに切っておく
- ウッドビーズ
- プラスチックビーズ（針金が通るもの）
- ペンチ
- お手ふき

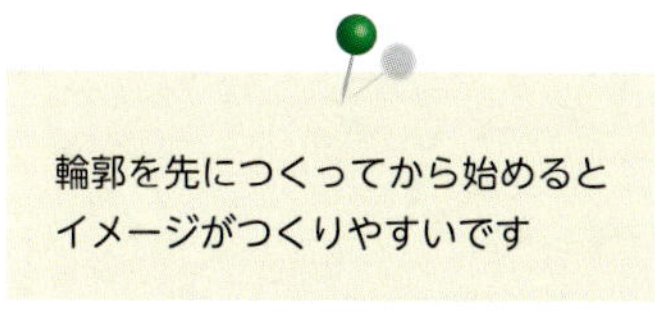

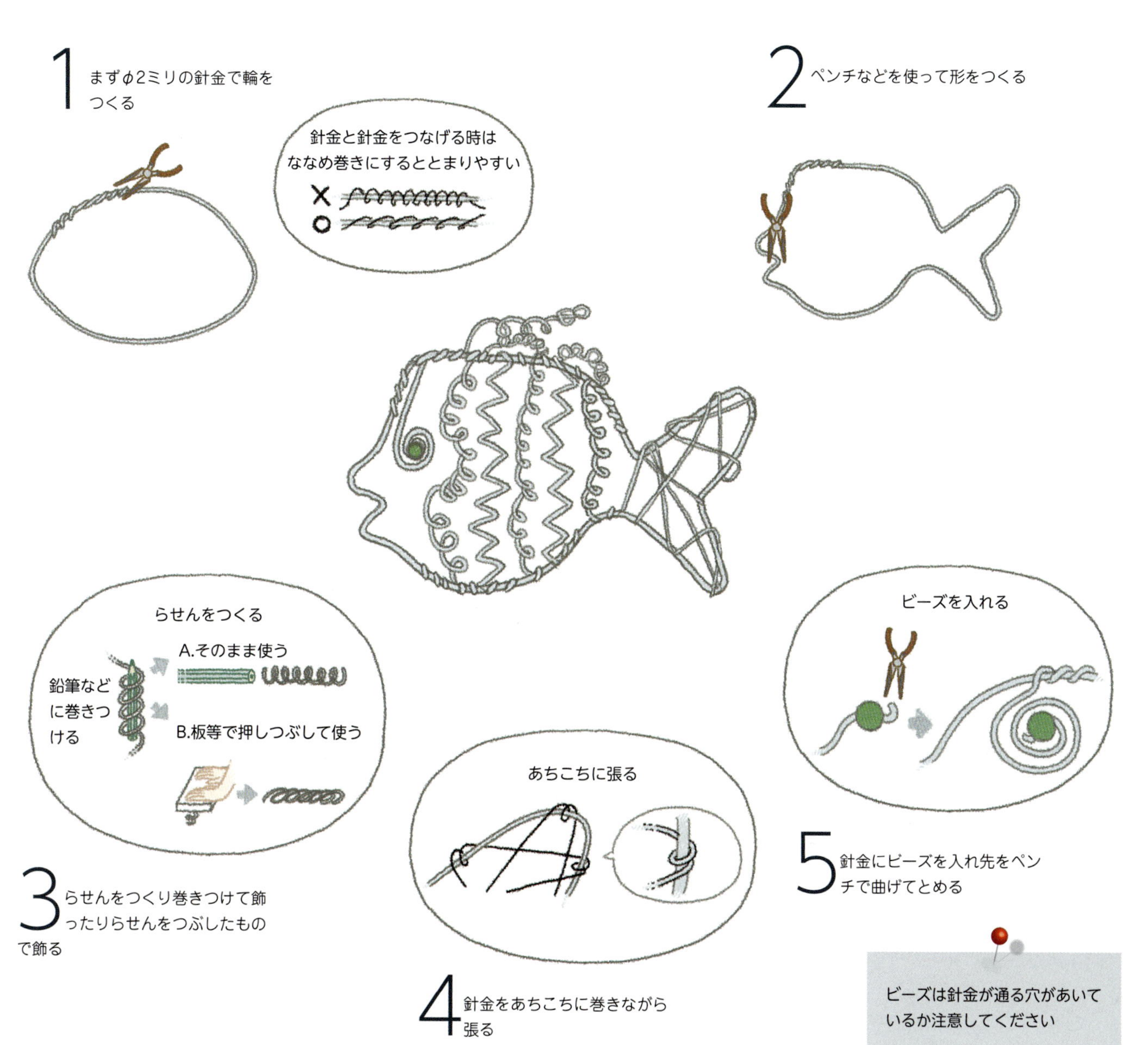

アルミ針金　小物

柔らかく扱いやすいアルミ針金で色々な形をつくり、小さな飾り、使える物などビーズも効果的に使って楽しい小物作りをします。

準備と材料

●アルミ針金(園芸用)φ１ミリ、φ1.5ミリ、 ブロンズ色、銀色
つくりやすい長さ40センチ〜50センチ位に切っておく
●ペンチ　●ウッドビーズ　●プラスチックビーズ(針金が通るもの)
針金を巻くため　●筆　●エンピツ　●マジックなど(太さのちがうもの)
台として　●丸木　●木のブロック(キリかドリルで穴をあける)　●速乾ボンド　●お手ふき
ブローチにする　●安全ピンなど

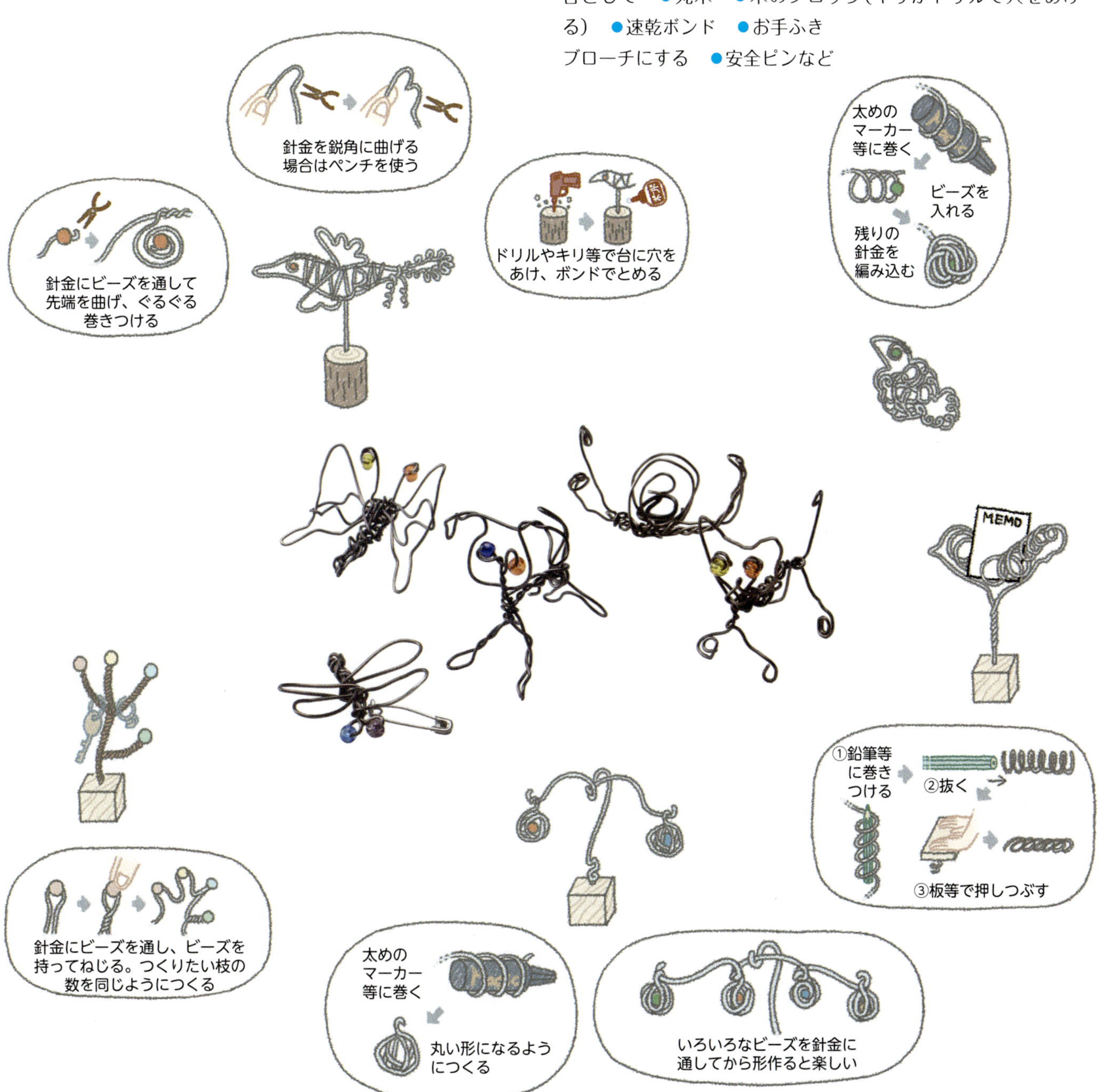

25 アルミ針金でビンカバー　ホルダー

ビンに柔らかく扱いやすいアルミ針金を巻き付けビーズを入れながら飾ってステキなカバーやホルダーを作ります。

準備と材料

いろいろなビン

- アルミ針金（園芸用）銀色、ブロンズ色
  φ１ミリ（40センチ～50センチに切っておく）
  φ１.5ミリ（ビンに芯を立てるため用、ビンの高さより10センチ以上長く切っておく）
- ウッドビーズ
- ガムテープ片（布製）
- ペンチ
- プラスチックビーズなど（針金が通るもの）
- お手ふき

巻き始めはガムテープでとめ、固定しながら針金を巻くとやりやすいです

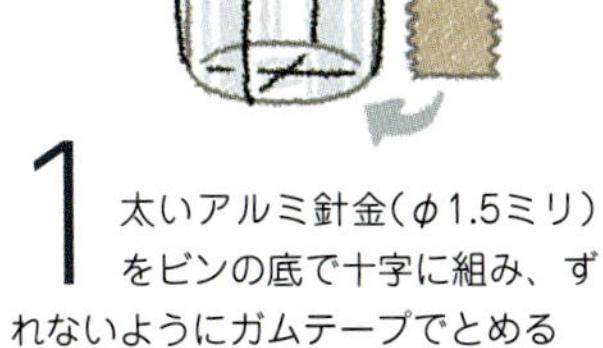

1 太いアルミ針金（φ1.5ミリ）をビンの底で十字に組み、ずれないようにガムテープでとめる

2 ビンの底から3センチぐらいの所にアルミ針金（φ1.5ミリ）を2～3回巻きつけねじりとめる

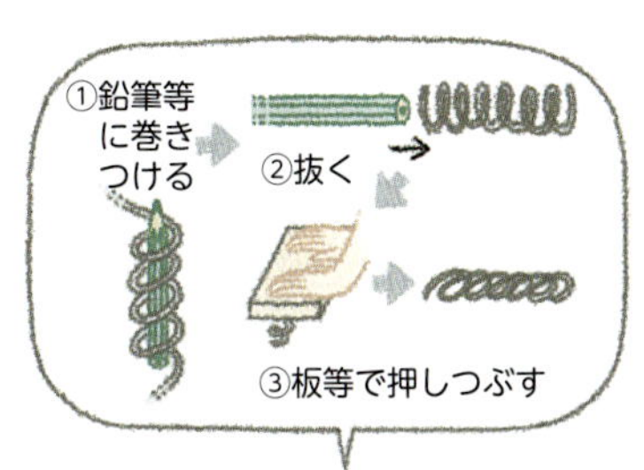

3 アルミ針金（φ1ミリ）をエンピツなどに巻きつけ、ビーズを入れ、芯の針金に巻きとめる

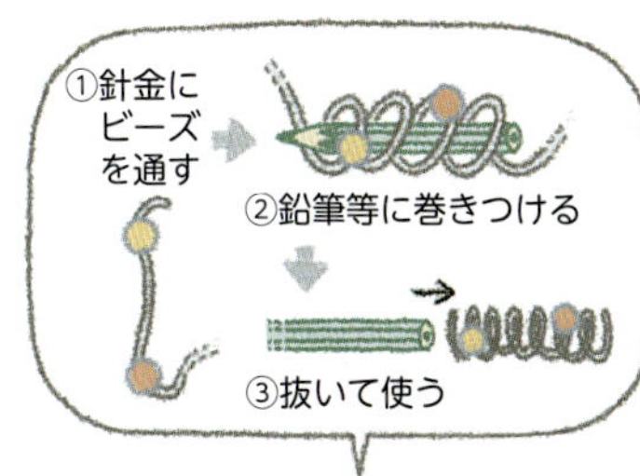

4 針金にビーズを入れたりして、たくさん飾りつけられたら、ビンの口をアルミ針金で太い針金をおさえるようにぐるりと巻く

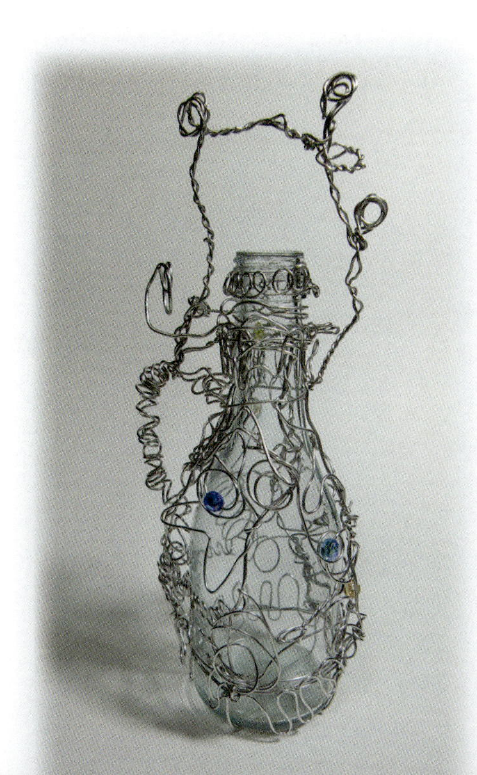

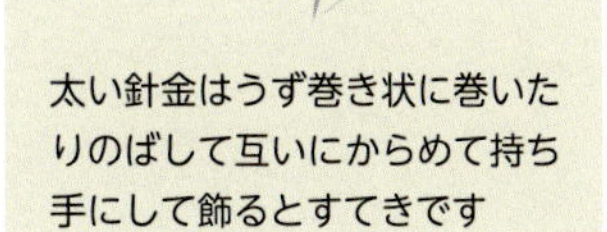

太い針金はうず巻き状に巻いたりのばして互いにからめて持ち手にして飾るとすてきです

26 カラー原毛を使ってつくる

◆松ボックリの花

松ボックリにカラー原毛を差し込み、アルミ針金で茎と葉をつくり、松ボックリに金や銀や白をペイントすると、まるでアンティークの花のようになります。

準備と材料

- カラー原毛　10色以上　●松ボックリ
- アルミ針金(園芸用)φ１ミリ、φ1.5ミリ、銀色、ブロンズ色
- 竹ぐし　●楊枝　●ペンチ

彩色　●白色・金色・銀色
(ポスターカラー、水性ペンキ、アクリルカラーなど)

松ボックリに白・金・銀色を彩色することでアンティーク風な色合いになり、すてきです

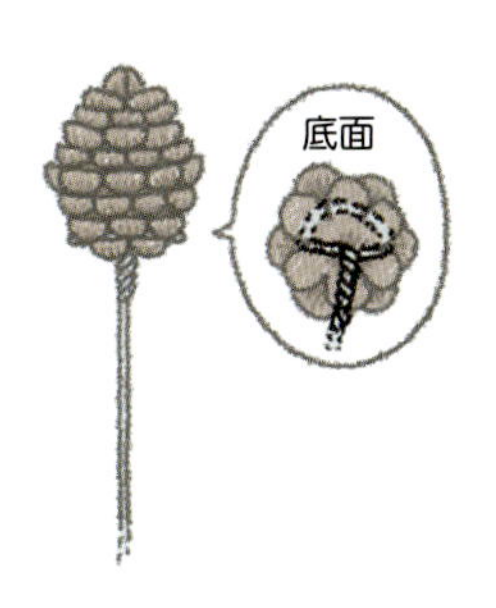

1 松ボックリの底面にアルミ針金(φ1.5ミリ)を巻きとめる

2 カラー原毛を少量ずつ楊枝か、竹ぐしなどで実の間に差し込んでいく

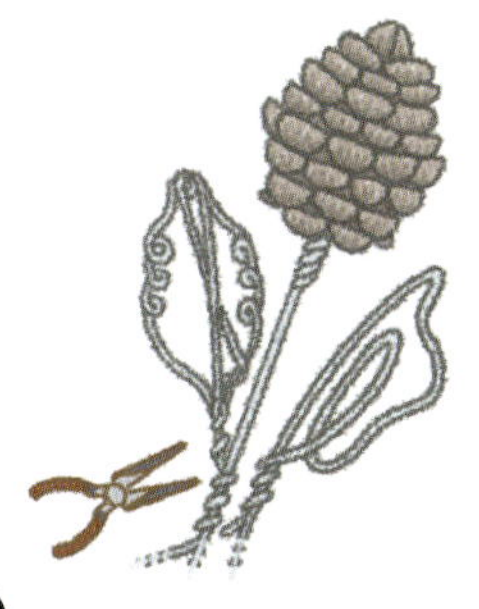

3 アルミ針金(φ1.0ミリ)で、ひと筆書きのように一枚の葉をつくる

4 松ボックリのふちにだけ白色か金色あるいは銀色を彩色する

◆フエルトボールをつくる

テニスボールにカラー原毛を巻きフエルト化させカラフルボールに変身させます。

準備と材料

- カラー原毛　10色以上(うすく引きのばし、約7〜8センチの長さに、沢山用意しておく)
- テニスボール(使用ずみのもの)
- 洗剤(ハンドソープなど)　●ビニール袋

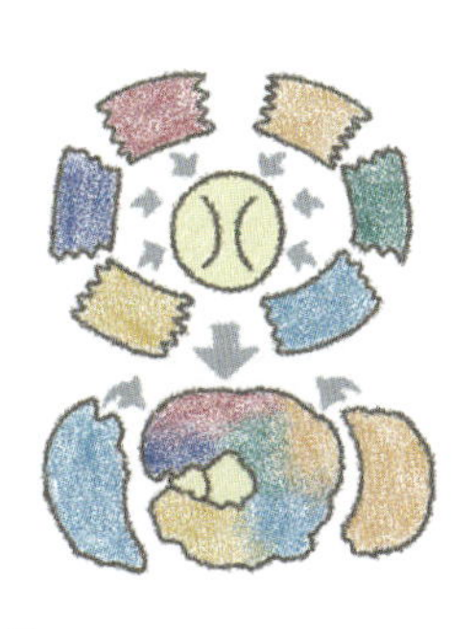

1 テニスボールに約7〜8センチの長さにうすくのばした原毛を、せんいのたて、よこ交互にボール全体にまんべんなく4〜5層に重ねる

2 うすい石けん水かハンドソープなどをフエルト全体にふりかけ手でぐるぐると回しながらなでつける

3 ぬれたまま、ボールをビニール袋に入れゴシゴシ全体になでつける

4 水か湯で石けん分を洗い流して水気を切り、乾かす

時々袋から出して、フエルトがはがれてこないか確かめて、しっかりついていたら出来上がりです

自然素材のコラージュ

いろいろな木の葉やトウモロコシの皮を乾かしたもの、実や種などナチュラルなカラーを生かした貼り絵や麻布の上に貼ってタペストリーにします。

◆色ラシャ紙の上に貼る

準備と材料

台紙　●色ラシャ紙　10色以上(8切位の大きさ)
●いろいろな葉(押しをして、乾かした厚目の葉)
●トウモロコシの皮(乾かしアイロンをかける)
●いろいろな種や実(カボチャ、ヒマワリの種など)
●速乾ボンド　●ハサミ　●お手ふき

◆麻布でつくるタピストリー

準備と材料

●麻布(ホームセンターなどにある樹木に巻く両脇が縫ってあるもの)
●いろいろな葉(押しをして、乾かしたもの)
●トウモロコシの皮(乾かしアイロンをかける)
●ドライフラワー　●木の枝　●麻ひも　●毛糸針
●速乾ボンド　●サランラップ　●洗濯バサミ(ピンチ)
●お手ふき

麻布の下にクリアファイルなどを敷きプラスチックの物差しなどで布を折ったところを押えてとめて下さい

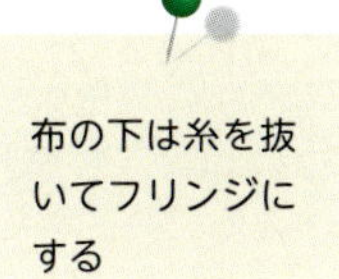

布の下は糸を抜いてフリンジにする

葉にはボンドをたっぷりつけ葉は切っても良いです。葉が浮くようでしたら重しをして下さい

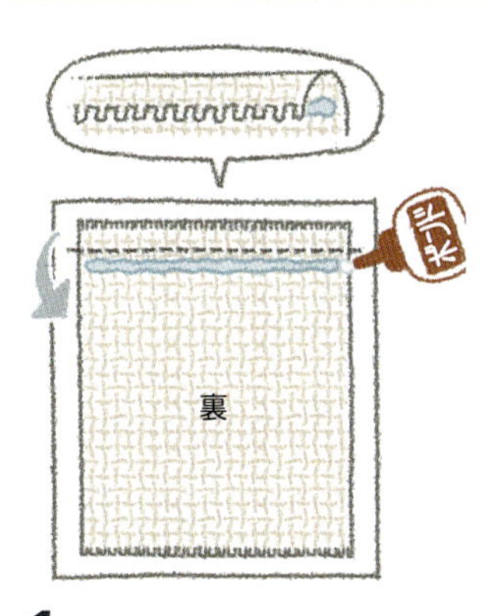

1 ボンドをたっぷり塗り、上2センチ位折ってとめる

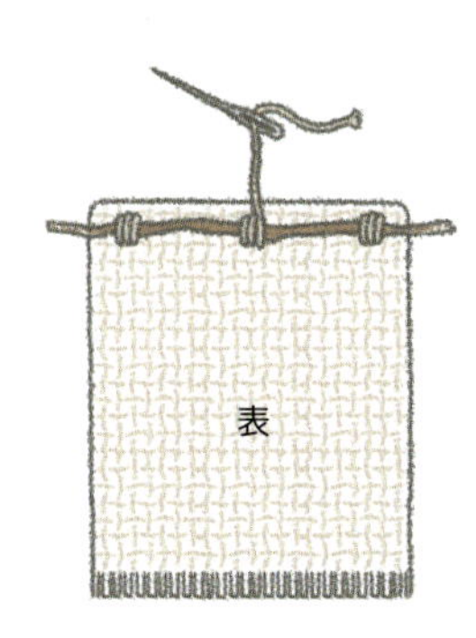

2 布の表に細い枝を置き下方から抜いた糸をつかい枝を毛糸針で縫いつける

3 布からボンドがしみ出てもよいようにうらにラップを貼り洗濯バサミでとめて制作する

4 ボンドが乾いたらラップをはずし吊して飾るヒモをつける

◆押し葉のつくり方

トウモロコシの葉はまとめて吊し、乾かしてからアイロンをかけて広げる

新聞紙の間に葉を入れ、重い本や雑誌などで押す

28 種や実のモザイク画

線で分割しやすいモチーフを選びそのりんかく線を描き、その形を分割しボンドで毛糸か麻ひもなどはり、そのなかにきれいな自然の色の種や実を埋めて絵をつくります。

たくさん分割ができるモチーフを選びます。
例：蝶、虫、魚、花、植物など

準備と材料

台紙　●色ラシャ紙(色画用紙)　10色以上　16切　8つ切
りんかく線　●太い毛糸　●麻ひも　●速乾ボンド
●底の安定している容器
●ワリバシ(ひもを押さえるため)
●スプーン　●エンピツ
●ハサミ　●お手ふき
●いろいろな種や実(ひまわり、とうもろこし、かぼちゃ、エンドウ豆、あずき、麦茶、押し麦、レンズ豆、コーヒー豆など)
あわなどあまり小粒のものは避ける

1 選んだ色画用紙に形を描き分割線を入れる

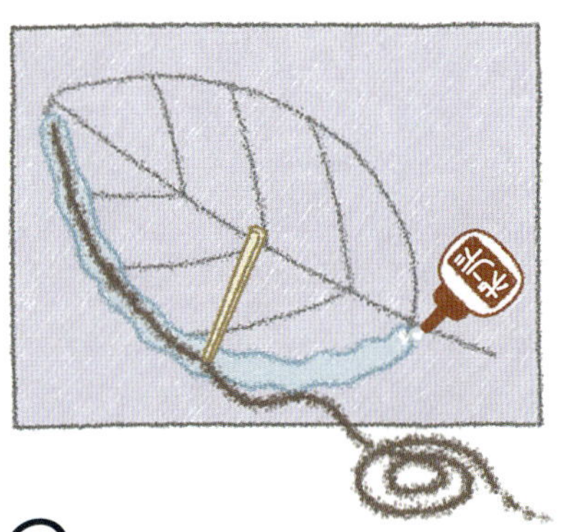

2 線に添ってボンドをつけ、ひもをワリバシなどで押さえ貼っていく

3 ひもで囲んだ枠の中にボンドをたっぷり入れる

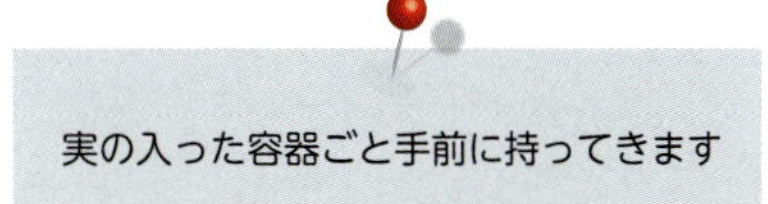

実の入った容器ごと手前に持ってきます

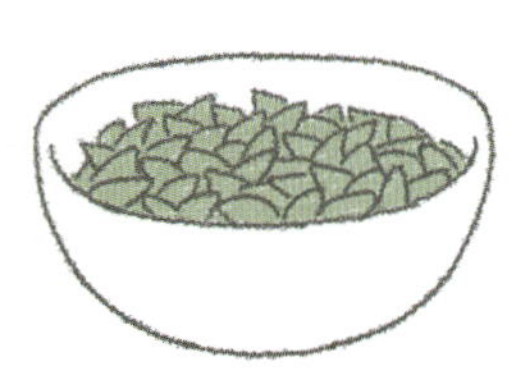

4 カラフルな種や実を種類別に安定した容器に入れておく

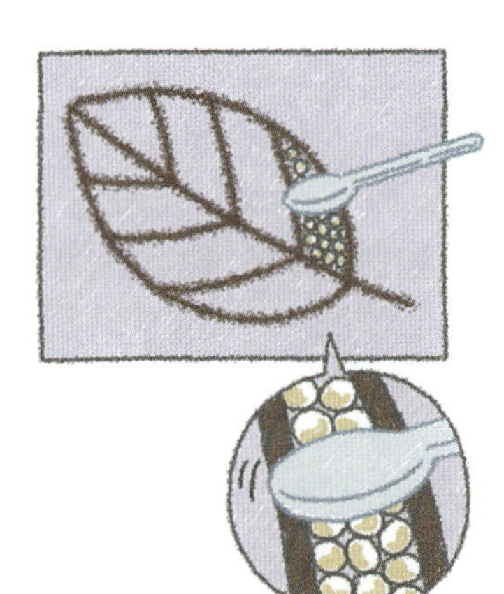

5 種や実をスプーンですくってボンドをつけた枠の中に入れスプーンのうらで押さえる

6 時々紙をひっくり返して余分な種や実を落とす

29 木の実でつくるマスコットたち

松ボックリや木の実を、柔らかいアルミ針金で体や頭、手や足も取り付け、葉などやフエルト布などで飾り、目は種やウッドビーズをつけてユニークで楽しいマスコットをつくります。

準備と材料

- 松ボックリ
- 唐松ボックリ
- アルミ針金(園芸用)ø1ミリ　ブロンズ色
  いろいろな生き物になるように、針金は30センチ位や40センチ位にたくさん切っておく

飾りとして
- フエルト布
- 毛糸
- ウッドビーズ
- ハンの実
- ヒノキの実
- 種など
- トウモロコシの皮、葉など
- ペンチ
- 速乾ボンド
- 丸木の台(ドリルで穴をあけておく)
- ハサミ
- お手ふき

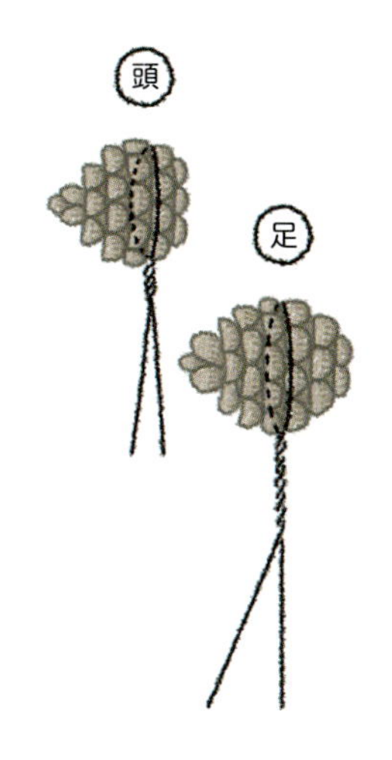

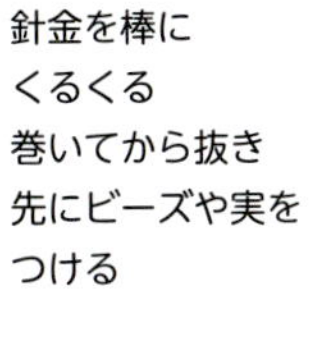

針金を棒にくるくる巻いてから抜き先にビーズや実をつける

1 頭にする松ボックリと、胴体にする松ボックリにそれぞれφ1ミリの針金を巻き、マスコットの形をイメージする

足先から足首に戻しからめとめる
↓
土台へ

2 ドリルで丸木に針金を差し込む穴をあける

3 針金の先にボンドをつけ、穴に差し込みとめる。ビーズやフェルトで、ゆかいな生きものができる

葉の飾り　木の実の飾り

◆葉の飾り

広葉樹の厚みのある葉を押して乾かし、マーカーで思い思いの模様を描いてモビールなどにして飾ります。

準備と材料

●広葉樹の厚みのある葉を押したもの　彩色　●ポスカなど
●アートフラワー用針金(茶色の紙巻き30番)　●ハサミ　●ペンチ
吊す　●小枝　●アルミ針金(園芸用)ブロンズ色φ1.5ミリかφ2ミリ
●お手ふき

葉の両面にペイントしてアートフラワー用針金に小さい木の実やウッドビーズを入れ、葉の茎に巻きつけてつるす

吊すときウッドビーズなどを針金に入れて飾ってもステキです

◆木の実の飾り

木の枝の芯が空洞になっているものに、細い針金を通して小ぶりの木の実や小枝をからめながら組み合わせてつり下がる飾りをつくります。

準備と材料

●アートフラワー用針金(茶色の紙巻き30番)
●小ぶりの木の実(ひのき、この手がしわ、はんの実、唐松ボックリ、メタセコイヤ、さざんか)　●木の細い枝
●芯が空洞の枝や茎、うつぎ、キウイ、山吹、アヤメなど(2～3センチに切っておく)　●ハサミ
彩色　●ポスカなど　●お手ふき

小さな木の実に針金をからめる時、針金を巻いて、木の実のほうを手に持ちくるくる回すとつくりやすいです

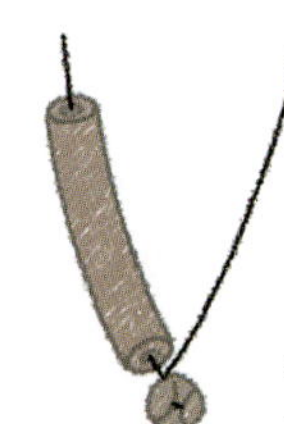

1 アートフラワー用の針金1本を半分に折り小さな木の実にからめねじり空洞の小枝に針金を通す

2 空洞の小枝に針金を通し、次の小さな木の実にからめねじりその先に小枝を通し組む

3 小さな木の実に針金をからめねじり空洞の小枝を通し、また木の実をからめねじると三角形になる

1 2本のアートフラワー用の針金を半分に折り小さな木の実にからめねじる

2 針金の先にそれぞれ空洞の小枝を通し組む

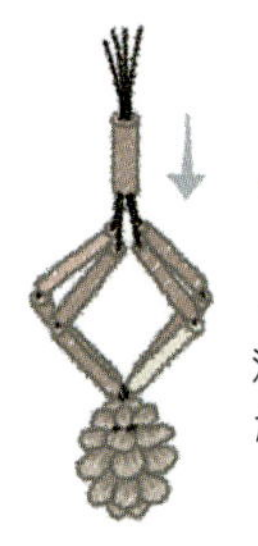

3 4本の針金を1つにまとめ、空洞の小枝に一緒に通したりして組む

針金が足りなくなったらつぎ足しながらつくります。針金どうしをお互い、ねじり長くつぎ足します

鯉のぼり

◆染めた和紙を貼ってつくる

模造紙に染めた和紙を手でちぎり、ひれやうろこを浮き上がるように貼り独創的な鯉のぼりを作ります

こいの口の共通の準備と材料

口輪をつくる ●白ボール紙 約3センチ巾 (輪は、ボンドをつけホチキスでとめる) ●ハサミ
●洗濯バサミ(ピンチ) ●速乾ボンド
●お手ふき

準備と材料

- 色模造紙(赤、黒など)半切
- 染めた和紙(単色、多色染め)
  市販のものあるいは、32の「和紙を染める」参照
- ヤマトのりあるいはアラビアのり
- 筆(ヤマトのりを小皿に入れて筆でつけるとやりやすい)

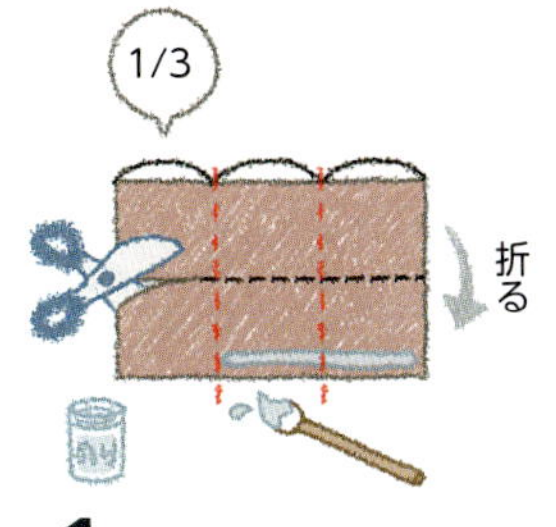

1 色模造紙をよこ長に半分折りにし、全体の1/3のところまで切れ目を入れる。のこりの2/3はのりをつけて貼り合せる

目玉は中心を濃い色でつくり3枚重ねて貼ると感じが出ます

2 目玉、尾を両側に貼る。ヒレは上下1枚ずつ貼る

ウロコは和紙を手でちぎり沢山用意して下さい。ちぎりやすい方向があるので注意して切って下さい

3 ウロコは尾の方から1ヵ所だけのりをつけずらして重ねて貼る

こいの口のつくり方(共通)

口輪として、約3センチ巾の白ボール紙の輪を口に当たる場所に、のりをつけ、はさんでとめる。紙が2枚重なる部分は、斜めに口輪にのりづけし、互いに重なるようにしてとめる

共通の注意点

口輪をつけると立体的になり、また口輪の直径は、2枚の紙より少し小さめにつくると、こいの口のようにすぼまり、こいのぼりらしくなります

◆障子紙に墨汁で伝統的に描く

障子紙に墨汁で目や尾、うろこ、ひれなど伝統的でしかもユニークな線で描き自由に彩色して仕上げます。

準備と材料

●障子紙(約25センチ巾と約28センチ巾がある)長さは新聞紙の長さにあわせると便利 ●墨汁 ●太い筆
●ヤマトのりあるいはアラビアのり ●ハサミ
彩色 ●水彩絵の具 ●アクリルカラー
●ポスターカラー 金色、銀色など
●新聞紙 ●お手ふき

彩色したあと、金彩、銀彩をほどこすと豪華になります

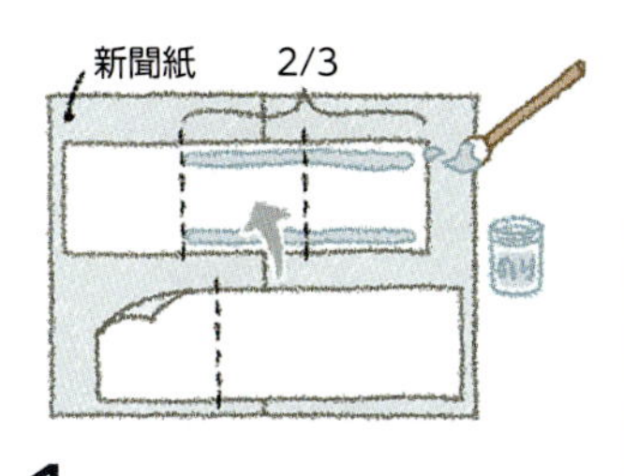

1 和紙の2/3のところまで上下のはしにのりをつける

墨汁が和紙にしみて反対側の目の位置がわかりやすくなるので、目を描くまで、内側に新聞紙をはさみ込まないようにします

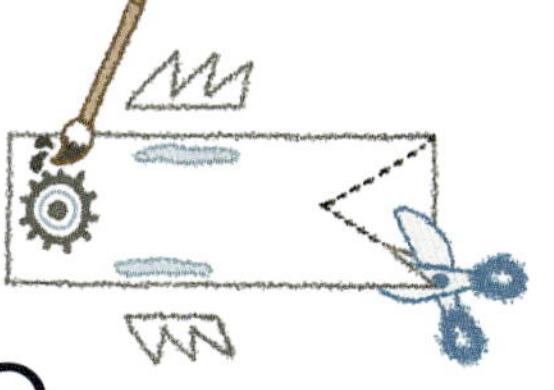

2 墨汁で、まず片方の目をしっかり描く。もう片方の目を描き、ヒレをつけ、尾を切り込む

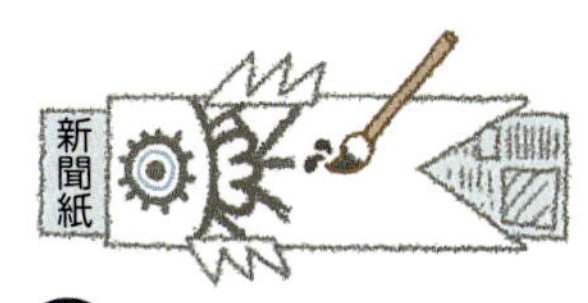

3 和紙の間に新聞紙を差し込み、墨汁で自由に線を描き、乾いたら彩色する

うちわ　和紙 紙ひも 麻ひもを染める

◆うちわ

下張りされたうちわに、染めた和紙を手でちぎりそれぞれ考えた絵や模様を貼りマイうちわをつくります。

骨の見える部分は型紙をつくるとつくりやすいです

準備と材料

- うちわ(市販のもの、紙が貼ってあるもの、骨だけのもの)既成のうちわの紙をはがしたものなどを使用
- 染めた和紙　●ヤマトのり(小皿に入れて小筆でぬるとよい)
- ハサミ　●はけ　●お手ふき

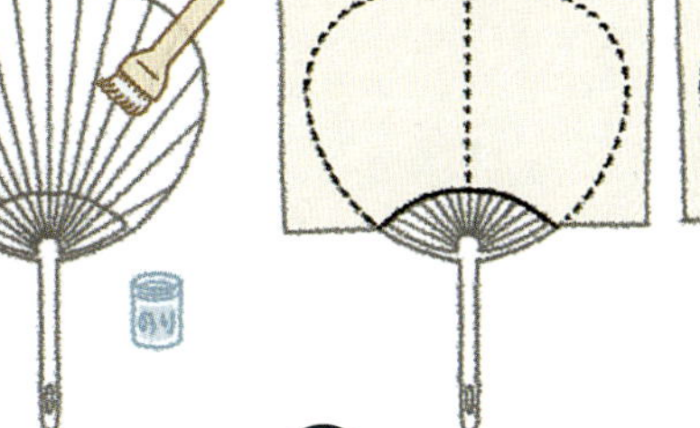

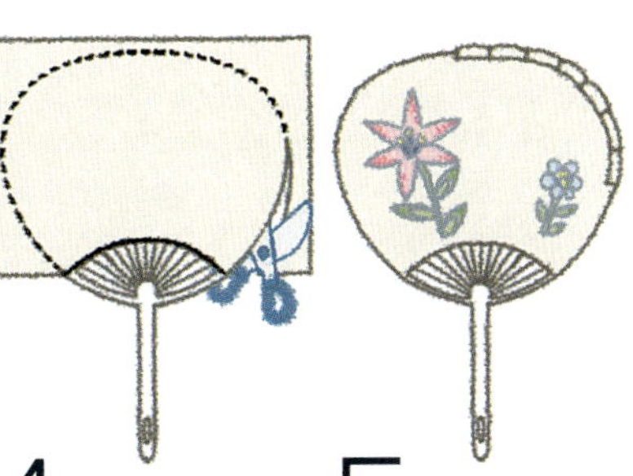

うちわの切り口がはがれないよう小さく切った和紙を貼るとアクセントにもなります

1 障子紙を2枚重ねて折り骨の見える部分を切りとる

2 骨の方にのりをぬる

3 骨が見えるところに紙を合せて貼る

4 完全に乾いたらまわりを切り取る

5 和紙を手でちぎり模様を貼る

◆和紙を染める

障子紙を折って染料につけて染めます。折り方を工夫すると色々な模様が楽しめます。

準備と材料

- 染料　布や和紙を染めるもの
- 障子紙　●ビニール手袋　●ハサミ
- 新聞紙(染め終わったものを置いて水分をとるため)

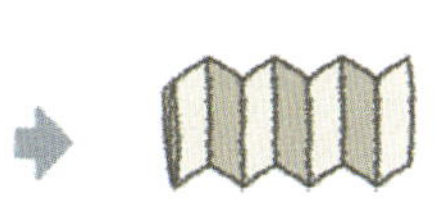

折り方の工夫で色々な柄が楽しめます

染料は安定のよい少し深いうつわに入れて下さい

厚く重ねて折ると中が染まらないことがあります。その場合、少し広げて折り返して染めるとよいでしょう

◆紙ひもや麻ひもを染める

紙ひもや麻ひもは単色だけでなく部分染めもすると色が複雑に染まります。貼り絵10や織物18に使えます。

準備と材料

- 染料　布や和紙を染めるもの
- 紙ひも　●麻ひも　●ハサミ
- ビニール手袋　●新聞紙(染め終わったものを置いて水分をとるため)

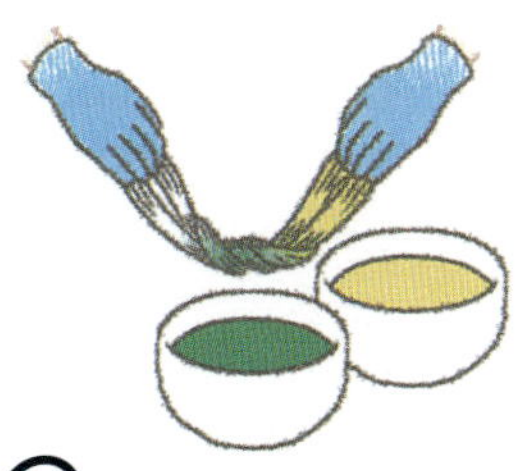

1 紙ひもや麻ひもを輪にして束ねる

2 手袋をして塗料に少しずつひたして染めていくと部分染めのヒモが出来る

33 風鈴　ミラクルビン　貝殻モビール

◆ミラクルビン

色々な透明な広口ビンの内側からペイントを流し入れ、ゆっくり回し線模様を数色描いてカラフルなビンを仕上げます。

準備と材料

- 広口ビン（ビンはラベルをはがし中の油分など良く洗っておく）
- アクリルカラー
- 筆
- お手ふき
- アルミ針金φ1.5ミリ（飾り用）
- ペンチ

アクリルカラーは少量の水でうすめゆっくり流れることを確認して下さい

1 ビンのふちに筆にふくませた絵具をしごくようにたらす

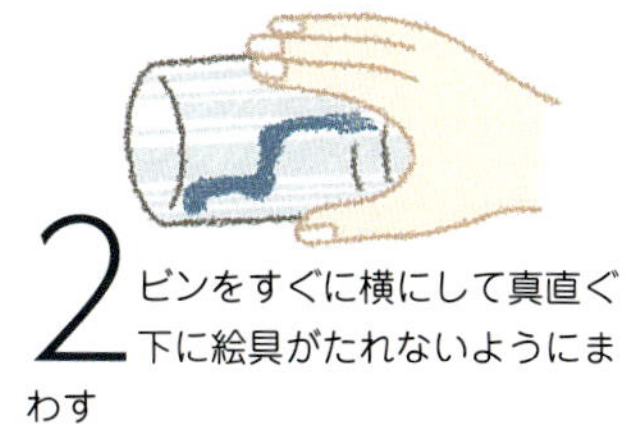

2 ビンをすぐに横にして真直ぐ下に絵具がたれないようにまわす

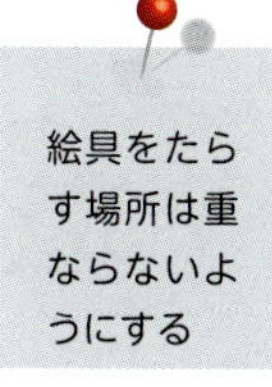

3 まわし方で色々な線もようが出来る。絵具が動かなくなったら次の色をたらす

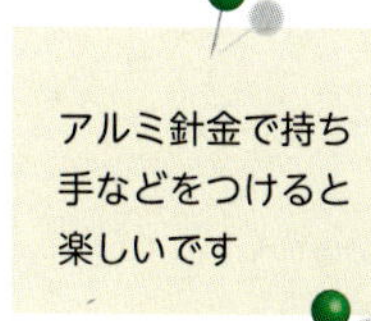

早く乾かす場合はドライヤーを使うと便利です

◆風　鈴

市販の無地の風鈴の内側からペイントを流し入れ線模様を描き、その線を竹グシなどで引っかいて斬新な模様をつけます。

準備と材料

- 無地の風鈴（市販のもの）
- アクリルカラー
- 筆
- 竹ぐし
- お手ふき

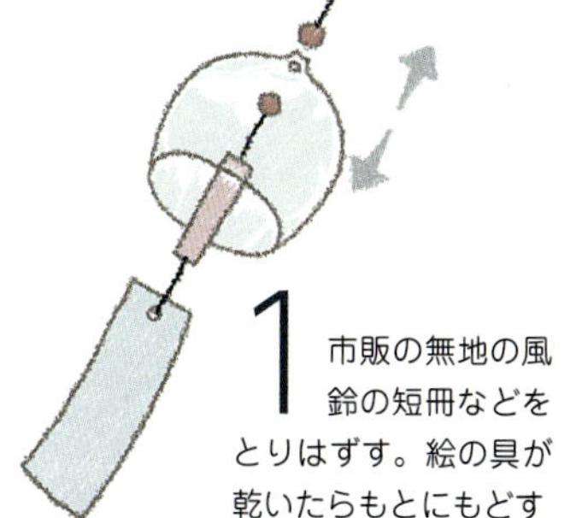

1 市販の無地の風鈴の短冊などをとりはずす。絵の具が乾いたらもとにもどす

2 風鈴のふちより絵具をしごくようにたらす

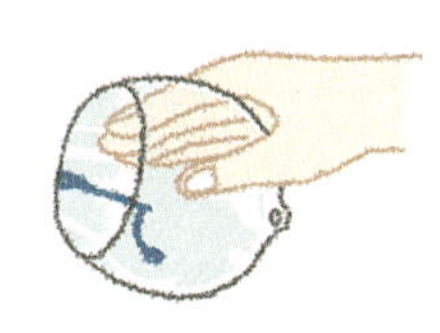

3 すぐに横にしてゆっくりまわし線もようをつける

4 線もようがなまがわきの時に竹ぐしなどで引っかくと面白い線が描ける

◆貝殻モビール

ベビーホタテの貝殻にペイントしたものを、アルミ針金を曲げて作った形に吊り下げて壁飾りをつくります

準備と材料

- ベビーホタテの貝殻（生のものが春先に出回ります。きれいに洗って乾かしドリルで穴を開けておく）

彩色
- ポスカ
- ハサミ（細い針金を切る）

吊り下げ用
- アルミ針金　銀色　φ1.5ミリ
- アートフラワー用針金30番
- ビーズなど
- ペンチ
- お手ふき

1 ベビーホタテの内側からドリルで小さい穴をあける

2 マーカーで模様を外側内側に描く

3 貝はアートフラワー用の針金をつけビーズなどを入れて飾る

貝を吊りさげる形をアルミ針金φ1.5ミリでつくる

4 たてならびに吊す場合は貝が重ならないようアルミ針金φ1.5ミリで形をつくる

34 クリスマスローソク立て

◆お皿の上につくる

お皿に紙粘土を盛りローソクを立てる台にします。周りに木の実、緑の葉、赤い実を埋め込んで飾ります。木の実に金や銀で色付けするととても豪華になります。

準備と材料

●皿(直径10〜15センチ位の皿)使わなくなったものなど利用
紙粘土　●白色かテラコッタ調粘土
●木工用ボンド(小皿にボンドをたっぷりいれておく)
彩色　●金色、銀色(ポスターカラー、アクリルカラーなど)
●筆　●お手ふき

1 お皿にボンドを塗り、粘土を厚めに上全部につける

2 小皿にボンドを入れ、木の実にたっぷりつける

3 粘土に木の実を押し込む

4 緑の葉や赤い実を差し込む。金や銀の彩色をすると華やかになる

ボンドを入れる小皿はビニールをかぶせて裏にガムテープでとめて使うと洗う手間がはぶけます

木の実など
松ボックリ、唐松ボックリ、はんの実、メタセコイヤ、ひのき、この手がしわ、つばき、さざんか、うばゆり、アヤメ、桐などなど
赤い実、赤唐辛子、モミの小枝、ひいらぎの葉

◆ビンを芯にしてつくる

口が小さく底が安定したビンに、粘土を厚めにつけ、木の実、緑の葉、赤い実を粘土に埋め込んで飾ります。木の実に金や銀色で色付けると豪華になります。

準備と材料

●ビン(口が小さく高さ15センチ位　底が安定しているもの)
その他は、「お皿の上につくる」の材料と準備と同じです

1 ビンの口はキャップかガムテープでふたをしておく

断面図
粘土
ローソクを立てるためのくぼみを大きめにつくる
底には粘土はつけない

2 粘土はボンドをつけながら厚めにつける

3 小皿にボンドを入れ、木の実にたっぷりつける

4 木の実を粘土に押し込んでつける

4 緑の葉や赤い実も差し込む。金や銀の彩色をすると華やかになる

クリスマス卓上飾り

いろいろな木の実にアートフラワー用の針金をつけ、赤いリボンや、緑の葉、赤い実も針金をつけアレンジし束ねて、いろいろな植木鉢に差し込んで仕上げます。

準備と材料

いろいろな木の実を組む

●赤い実　●赤唐辛子　●緑の葉(モミ、ひいらぎなど)
●アートフラワー用針金(緑の紙巻き、30番)　●りぼん
彩色　●金色、銀色(ポスターカラー、アクリルカラーなど)
●筆　●ハサミ　●お手ふき

植木鉢をつくる

●丸木の鉢(真ん中にドリルの大きな刃で穴を開けておく)
●粘土と細いシュロなわでつくる鉢
紙粘土　●白色かテラコッタ調粘土
●シュロなわ(園芸用)　●木工用ボンド　●お手ふき

ラッピングする

●紙粘土　●包装紙　●リボン
●ひもなど　●お手ふき

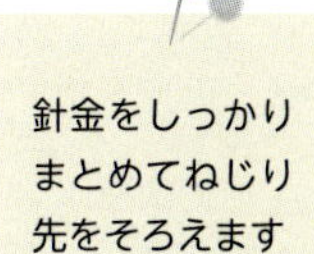

1 いろいろな木の実に針金を巻きつける

2 茎のあるものは針金を茎のほうに巻く

3 リボンは針金をかけるとかんたんにつくれる

4 木の実、葉、リボンなどアレンジして束にして穴にボンドを入れて差し込む

◆植木鉢をつくる

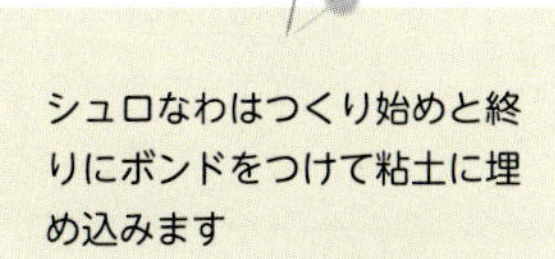

1 ドリルに太い刃をつけて丸木に穴をあけ植木鉢にする

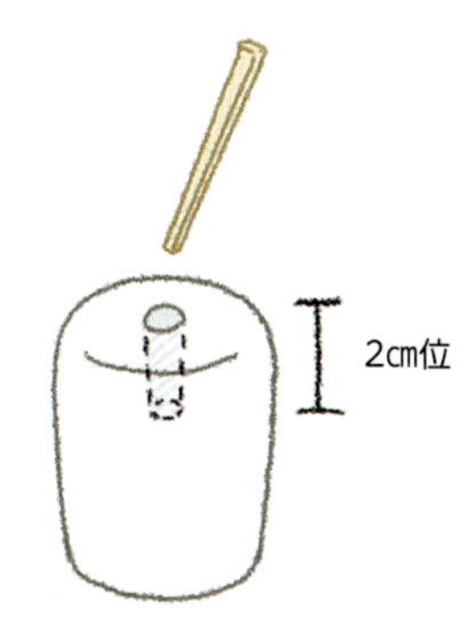

2 紙粘土で植木鉢の形をつくりやわらかいうちにワリバシなどで大きめの穴をあける

3 紙粘土のやわらかいうちに植木鉢にシュロなわを粘土に押しつけながら巻きつけてつくる

4 乾かした紙粘土の植木鉢をラッピングしてリボンを巻いて飾る

36 クリスマスリース　お正月飾り

◆つるでつくるリース

大きめの木の実に針金をつけまとめてリボン、緑の葉、赤い実をつけ金色、銀色で木の実を塗り、華やかに仕上げます。

準備と材料

つるを使う　●藤づる　●サツマイモなどつる性のもの
市販のものを使う
●木の実いろいろ　●赤い実　●赤唐辛子
●みどりの葉(もみ　ひいらぎなど)　●りぼん
●金色、銀色(ポスターカラー、アクリルカラーなど)　●筆
●アートフラワー用針金　緑色の紙巻きのもの30番、22〜24番
お正月飾りは水引をつける　●ハサミ　●ペンチ
●お手ふき

色々な木の実、草の実、赤い実、ミドリの葉に針金をつけてアレンジして下さい

1 木の実に30番の針金を巻きつけとめる

2 針金を巻きつけにくいものは茎に巻いたり、針金を上からかけて間に通したりしてねじってとめる

3 針金がついた木の実を数個まとめねじって束にし22〜24番(太めの)針金を間に通す

4 リボンは針金をかけねじるとかんたんにつくれる

5 太めの針金をつけた木の実の束をつるにつける。針金をつるにわたしたり、つるの間に入れてねじりペンチでしっかりとめる

◆段ボールの台につくる

ダンボールでリング状につくった台に穴を開け、木の実を数個針金で束ねたものやリボン、緑の葉、赤い実を差し込んで裏でとめて簡単につくります。水引をつけるとお正月飾りにもなります。

準備と材料

●段ボール　●速乾ボンド　●釘
●カナヅチ　●ガムテープ片(布製)
その他は、「つるでつくるリース」の準備、材料と同じです

金や銀で木の実を塗るととても華やかになります

ハッポースチロールのブロックや重ねたダンボールの上で釘を打つと穴があけやすいです

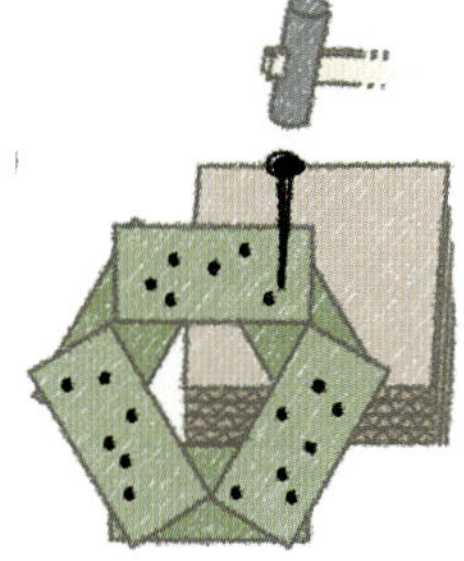

1 ダンボール片をリース状になるよう組みボンドで貼る

2 太いクギで穴をあける

3 木の実や葉に針金をつけ束にしてまとめて穴に差し込む

4 台のうらからまとめた針金を引っぱりガムテープでしっかりとめる

5 木の実、葉をアレンジしてとめたあと、水引きをつけるとお正月飾りになる

北崎（吉島）洋子
多摩美術大学絵画科油画専攻卒
「**成城アトリエ**」で大人の油絵、子供の絵画造形の指導、個展、グループ展など

橋本万里子
武蔵野美術短期大学工芸デザイン科卒
日本コカコーラ、GK インダストリアルデザイン、ベラミカタイル会社を経て
「**成城アトリエ**」で子供の絵画造形の指導

作品協力：小林信男、曽根ゆか子、田中千裕、橋本彩夏、橋本沙那、橋本伸二、吉島茂
制作協力：「**成城アトリエ**」
制作風景：デイサービスゆうゆう（世田谷区成城／現在は解散）、デイサービス成城パティオ

この本をご覧になって、あるいは、制作してみてご質問などがありましたら、お気軽に以下までご連絡ください。
E メール：seijoatorie@aol.jp

「**成城アトリエ**」ホームページ
http://www.seijoatorie.com

身近な素材で Art クラフト

－103 歳も楽しめる介護現場でのアイデア集－

2015 年 3 月 3 日　初版発行

編著者　北崎（吉島）洋子
発行者　原　雅久
発行所　株式会社　朝日出版社

101-0065 東京都千代田区西神田 3-3-5
電話（03）3263-3321（代表）

イラスト：児島かの子
撮影：相木 博
ブックデザイン：越海辰夫（越海編集デザイン）
編集：田家 昇
印刷：図書印刷株式会社

ISBN978-4-255-00821-9 C0076